Par M de Jeze.

TABLEAU DE PARIS

POUR L'ANNÉE

MIL SEPT CENT CINQUANTE-NEUF,

Formé d'après les antiquités, l'histoire, la description de cette ville, &c.

CONTENANT

Un calendrier civil: le précis de l'histoire de cette ville, un état abrégé du ministere: les noms, les demeures & les districts de tous les premiers commis des quatre secrétaires d'état, du lieutenant géneral de Police, du prévôt des marchands, du controlleur général & des intendans des finances. Le gouvernement, les divers établissemens pour les sciences & arts libéraux: la demeure des maîtres dans les langues, sciences, &c. Les spectacles, les cabinets de tableaux, d'histoire naturelle & autres curiosités: les manufactures, la compagnie des Indes, la bourse & la définition des principaux effets qui s'y négocient, &c.

Ouvrage utile aux uns, nécessaire aux autres.

A PARIS,

Chez C. HERISSANT, rue Notre-D...

M. DCC. LIX.

Avec Approbation & Privilége du Roi.

AVERTISSEMENT.

NOus préfentons au Public *un ouvrage* dont l'utilité a paru évi-
dente à ceux que nous avons confultés :
il fera fuivi, dans le coursde l'année,
& le plutôt qu'il nous fera poffible,
d'un plus grand ouvrage qui nous
occupe actuellement, qui, fous le
titre d'*Etat de Paris* contiendra tous
les détails qu'il eft ou indifpenfable
ou utile de connoître dans cette
grande ville. *Le Tableau de Paris*
préfente fur-tout les détails les plus
fujets à variation, & notre projet eft
de le renouveller tous les ans : nous
invitons nos Lecteurs à concourir à fa
perfection, nous profiterons de leurs
obfervations avec beaucoup de re-
connoiffance. Nous avons choifi l'ordre qui nous a paru le plus favorable à la clarté : nous avertiffons que
nous n'avons prétendu décider ni du
rang, ni des droits, priviléges, &c.

AVERTISSEMENT.

Nous convenons que quelques - uns de nos articles ne font point encore complets : tel eft, *par exemple*, l'article des maîtres dans les langues, fciences & arts libéraux, &c. Nous exhortons les perfonnes intéreffées de nous mettre à portée de les remplir exactement, & nous les prions de remettre chez notre Libraire ce qu'ils auront à nous communiquer, de même que le changement de leurs demeures avant le premier d'Octobre.

TABLEAU

TABLEAU
DE PARIS

POUR *L'ANNÉE*

MIL SEPT CENT CINQUANTE-NEUF.

CALENDRIER CIVIL.

LE premier jour de chaque mois, ou le lendemain, si premier est un Dimanche ou jour de Fête, la Faculté de Théologie s'assemble en Sorbonne pour délibérer des affaires de la Faculté ou des matières de Théologie : cette Assemblée s'appelle le *prima mensis*. Les Bacheliers qui ont fini leur Licence le dernier de Décembre, sont tenus de se présenter au *prima mensis* de Jan-

A

vier , & le plus ancien d'entr'eux demande au nom des autres , par un diſcours Latin, ce qu'on appelle *miſſio à Scholis* : le Syndic de la Faculté les remet au 15. de ce mois.

Tous les jours de l'année on peut voir les riches Cabinets du Jardin du Roi, en prévenant Meſſieurs de Bufon & d'Aubanton , *rue ſaint Victor.*

Preſque tous les jours de l'année on peut voir à Verſailles la ménagerie du Roi.

Tous les mercredis neuf Avocats au Parlement , invités tour-à-tour par Meſſieurs les Gens du Roi du Parlement , s'aſſemblent à la Bibliothéque des Avocats, *première Cour de l'Archevéché* , pour donner des conſultations gratuites & charitables à ceux qui s'y préſentent depuis trois heures juſqu'à ſix.

Tous les mercredis & les ſamedis on peut voir les appartemens du Luxembourg , une partie de la belle collection des Tableaux du Roi que l'on y expoſe , & la célèbre Galerie de Rubens , depuis le premier d'Octobre juſqu'au dernier Avril le matin , le reſte de l'année l'après-midi.

Tous les ſamedis , toutes les veilles de Fêtes ſolemnelles & des Fêtes de la Vierge, la Muſique de Notre - Dame chante un Motet à grand Chœur devant l'Autel de la Vierge.

Tous les famedis fix Docteurs de la Faculté de Médecine s'affemblent aux Ecoles *rue de la Bucherie* , pour donner depuis dix heures jufqu'à midi des confultations gratuites & charitables aux malades qui s'y préfentent.

Les premier & troifième Dimanches de chaque mois, depuis le premier de Mai jufqu'au premier Octobre , on fait jouer les Eaux des Jardins de Monfeigneur le Duc d'Orléans , au Palais de S. Cloud.

Le premier lundi de chaque mois les Maîtres en Chirurgie de Paris, invités par le Prévôt, s'affemblent à S. Côme à dix heures, pour, après la Meffe de fondation, faire la vifite & les panfemens des pauvres malades qui s'y préfentent , auxquels on donne enfuite à chacun un billet pour le Chirurgien de fon quartier qui continue les panfemens charitables , jufqu'à parfaite guérifon.

Ces Meffieurs exercent les mêmes œuvres de charité tous les jeudis à cinq heures, à l'iffue de leur affemblée Académique.

Le premier vendredi de chaque mois, Monfieur le Lieutenant-Général de Police fait l'après-midi, au Châtelet , ce qu'on appelle la grande Police pour les prifonniers. Cette Police regarde principalement les mœurs , les femmes ou filles de mauvaife vie, les libertins , &c.

A ij

Les autres vendredis, c'est la Police contentieuse qui ne regarde que les Communautés & Corps des arts & métiers.

Les premiers samedis du mois, le Recteur de l'Université tient chez lui son tribunal.

Le dix de chaque mois, ou le lendemain, si le dix est un Dimanche ou jour de Fête, on tire la Loterie établie en faveur des Enfans Trouvés, *dans une sale des enfans Rouges au Marais.*

Le vingt de chaque mois on tire dans le même endroit, la Loterie en faveur des Communautés Religieuses.

Le dernier de chaque mois, on tire *dans une sale du Palais du Luxembourg*, la Loterie en faveur de S. Sulpice.

Toutes les six semaines on tire *à l'Arsenal*, la Loterie établie en faveur de l'Ecole Royale Militaire.

Les autres Loteries Royales se tirent *à l'Hôtel de Ville* une fois tous les ans, jusqu'à ce que le nombre des tirages soit rempli.

Tous les trois mois se fait la Procession du Recteur de l'Université, qui l'annonce par un *Mandatum Rectoris :* l'assemblée est aux Mathurins.

Tous les trois mois, retraite *à S. Lazare* pour les Ordinans : elle commence tous les famedis qui précédent les Quatre-temps, & dure huit jours.

Il y a encore *à S. Lazare* plufieurs re-traites dans le cours de l'année. Ceux qui veulent y être admis, doivent fe préfenter pour fe faire infcrire : ils y font logés & nourris *gratis* pendant huit jours. Elles commencent les mardis au foir.

Il y a une fondation de quatre retraites par an pour 400. Curés ou Prêtres deffer-vans dans le Diocèfe de Paris : elles fe font après Pâques.

Huit retraites par an *au Noviciat des Jéfuites*, dont deux pour les artifans de Paris que l'on y nourrit *gratis.*

Quatre retraites par an *aux Filles de Ste Geneviéve*, pour des femmes des arti-fans de Paris , & deux pour des femmes de la campagne qui y font nourries *gra-tis.*

Deux retraites par an *aux Filles de S. Thomas de Ville-neuve* , fauxbourg *S. Germain*, pour les femmes & filles.

Plufieurs retraites *aux Filles-Dieu* , rue *S. Denys.*

JANVIER.

1 Les Princes du Sang, tous les grands Seigneurs, les Miniſtres des Cours étrangères, &c. vont complimenter le Roi, la Reine, & la Famille Royale ſur la nouvelle année.

Les curieux vont voir à Verſailles la Proceſſion des Chevaliers de l'Ordre du Saint-Eſprit, ou des Cordons-bleus. La Meſſe eſt célébrée dans la Chapelle du Roi par un Prélat de l'Ordre.

Meſſe ſolemnelle dans l'Egliſe *des grands Auguſtins* pour les Chevaliers de cet Ordre.

17 Commencent ordinairement les leçons & démonſtrations Anatomiques *au Jardin du Roi.*

19 Les Religieux de l'Abbaye de ſaint Denys célébrent avec beaucoup de ſolemnité & de grandes aumônes l'anniverſaire du Roi Dagobert, mort à Epinay en 638.

20 L'anniverſaire de la Reine Anne d'Autriche, morte à Paris en 1666, *à S. Germain l'Auxerrois.*

28 Grande ſolemnité, & le Panégyrique Latin de l'Empereur Charlemagne,

mort à Aix-la-Chapelle en 813. au Collége de Navarre.

FEVRIER.

1 LE Recteur de l'Université va présenter des cierges au Roi, à la Reine, à Monseigneur le Dauphin, à Madame la Dauphine & à toute la famille Royale.

L'élection du grand Juge - Consul choisi entre les Marchands qui ont été Consuls : on élit aussi le même jour quatre autres Consuls, qui font comme les Conseillers du Juge-Consul. Ils vont prêter serment au Parlement.

2 On va voir à Versailles la Procession des Cordons-bleus.

3 L'ouverture de la foire de S. Germain, qui dure jusqu'à la veille des Rameaux. Les Marchands Forains ont droit d'y étaler & d'y vendre toutes fortes de marchandises non prohibées, de même qu'à la foire de S. Laurent.

Messieurs de l'Election de Paris prennent un jour de ce mois pour aller tenir l'audience dans cette foire.

22 Jeudi - gras. Les garçons Bouchers de Paris promenent, au son des tambours & des hautbois, un bœuf qu'ils ont engraissé pour cette cérémonie, &

A iv

qu'ils enrubanent ce jour-là : on l'appelle *le bœuf-gras.*

25   Dimanche } Grande affluence de monde à la porte S. An-
26   Lundi } toine jusqu'au Thrône, pour y voir les mascara-
27   Mardi } des.

M A R S.

9 **L**'Anniversaire du Cardinal Mazarin, mort à Vincennes en 1661, *au Collége des 4. Nations.*

19 Le *Synode* de l'Official du Chapitre de Notre-Dame, auquel tous les Bénéficiers du corps doivent comparoître.

22 La célébre Procession du Chapitre de Notre-Dame en mémoire de la réduction de Paris sous l'obéissance d'Henri IV. en 1594. Le Chapitre accompagné du Corps de Ville, & précédé des quatre Ordres Religieux mendians, va chanter une Messe solemnelle à l'Eglise des grands Augustins, où le Parlement se trouve en Robe-Rouge : de même que la Chambre des Comptes & la Cour des Aides. Les Chartreux donnent un grand diner au Parlement, & au Corps de l'Hôtel de Ville.

24 L'assemblée de l'Université aux Ma-

thurins pour l'élection ou la prorogation du Recteur.

31   La cloture des Théatres, depuis ce
jour jusqu'au Lundi de Quasimodo : pendant ce temps Concert spirituel au Château des Thuilleries.

AVRIL.

7   PRocessions des Paroisses & des Cou-
vents de Paris à Notre-Dame, & de-là
aux grands Augustins en mémoire de
la réduction de Paris à l'obéissance
d'Henri IV.

8   Le Dimanche des Rameaux Messieurs de
Notre Dame vont en Procession à sainte
Geneviéve du mont prendre des Rameaux bénis par l'Archêveque, où le
Prédicateur de Notre-Dame prêche :
& au retour Monseigneur l'Archêveque
délivre un prisonnier du petit Châtelet.

10   Mardi de la Semaine sainte, foire
franche pour les jambons au parvis de
Notre-Dame : elle appartient à Monseigneur l'Archêveque & au Chapitre.

11   Messieurs du Parlement tiennent leur
séance au Châtelet pour les prisonniers.

11   Mercredi   L'on y va l'après-midi enten-
12   Jeudi   dre les leçons de ténèbres au
13   Vendredi   Couvent de Longchamps

A v

auprès du bois de Boulogne, & en sortant de Ténèbres l'on se promene dans les allées de ce bois où il y a un grand nombre de carrosses.

Le jeudi-saint Monseigneur l'Archevêque fait les saintes huiles à la grande Messe : après Vêpres il lave les pieds à 12. pauvres dans la salle de l'Officialité , leur donne une aumône & les sert à table à l'Archevêché. A trois heures le Chancelier de Notre - Dame doit prêcher en Latin dans le Chœur. Ensuite le Doyen lave les pieds aux enfans de Chœur dans le Chapitre , & après le mandat on fait la Cène.

Le Roi fait la Cène à Versailles à dix heures du matin : la Reine à trois heures après-midi. Ce jour-là, on ne sert sur la table du Roi que des racines qu'on a préparées en forme de toute sorte de poissons.

24 L'ouverture des spectacles. Les Comédiens François représentent ordinairement ce jour-là la Tragédie de Polyeucte, ou celle d'Atalie.

C'est ordinairement dans ce mois , ou dans le mois suivant, que le Roi fait la revuë du Regiment des Gardes Françoises & du Regiment des Gardes Suisses , dans la plaine des Sablons sur le chemin de Neuilly : il y a un très-grand concours de monde de tous les états.

MAI.

1 GRand concours de beau monde dans les avenües de Vincennes.

C'est dans ce mois que le bois de Boulogne & les autres promenades auprès de Paris commencent à être fréquentées.

22 Les Carmes Déchauſſés célèbrent dans leur Egliſe avec beaucoup de ſolemnité l'anniverſaire de Louis XIII. mort à S. Germain en Laye le 14. Mai 1643.

Le lundi des Rogations, Meſſieurs de Notre-Dame, accompagnés des quatre Collégiales leurs ſujettes, vont chanter la Meſſe *aux Martyrs, au bas de Montmartre.*

Le mardi aux Carmélites *de Notre-Dame des Champs,*

Le mercredi *à Ste Geneviéve.*

JUIN.

1 MEſſieurs du Parlement tiennent leur ſéance au Châtelet pour les priſonniers.

Pendant ce mois les Peintres de l'Académie de S. Luc expoſent leurs tableaux au jugement du public dans une falle du grand Arfenal , jufqu'au 15. de Juillet.

13   Dimanche de la Pentecôte , on va à Verfailles voir la Proceffion des Cordons-bleus, & on y voit jouer les eaux pendant les trois Fêtes.

C'eft dans les premiers jours de ce mois que commencent au jardin du Roi les exercices publics d'Anatomie feche, de Chymie , & de Botanique.

11   Lundi de la Trinité on voit dans Paris la Cavalcade de Monfieur le Lieutenant Civil, qui , accompagné du Procureur & des Avocats du Roi au Châtelet , & précédé des Commiffaires & des Huiffiers , tous à Cheval & en Robe , va à la porte de Monfieur le Chancelier , de Monfieur le premier Préfident & des Préfidens du Parlement , de Meffieurs les Gens du Roi , & des premiers Préfidens de la Chambre des Comptes & de la Cour des Aides , &c. On a toujours regardé cette cérémonie comme un hommage rendu au Parlement , dont l'origine eft très-ancienne.

15   La Fête-Dieu. Les rues devant les principales maifons font tendues en belles tapifferies pour la Proceffion du Saint-Sacrement. L'après-midi on va voir aux Gobelins les fuperbes tapiffe-

ries de cette manufacture royale : on trouve à la porte de l'Hôtel l'explication imprimée des sujets représentés dans ces tapisseries.

On va aussi ce jour-là, de même que toutes les grandes Fêtes, voir jouer les eaux à Versailles.

La Bastille est ouverte pour ceux qui veulent la voir le dimanche dans l'Octave.

18   L'ouverture de la foire du Landy à S. Denys : elle étoit autrefois si fameuse, qu'elle attiroit dans cette ville des marchands de toutes les parties de l'Europe ; elle dure 15. jours.

Messieurs de l'Election de Paris prennent un jour de ce mois, pour aller tenir leur assise du Landy à S. Denys.

22   L'octave de la Fête - Dieu on voit les tapisseries de la Couronne aux galeries du Louvre.

Les Tableaux des Etudians en peinture sont exposés dans la place Dauphine depuis huit heures jusqu'à midi.

23   On tire un beau feu d'artifice devant l'Hôtel de Ville : les curieux trouvent à louer des places pour le voir.

25   La Procession des Confreres de la Confrerie de Jérusalem aux Cordeliers.

C'est ordinairement dans ce mois

que le Roi fait tous les trois ans la revuë générale de toute sa Maison-mi-
litaire, au trou d'Enfer auprès de Marly : toutes les Troupes sont habillées
de neuf.

JUILLET.

Durant le cours de ce mois se font
en public dans les principaux Colléges
de l'Université les expériences curieuses
de Physique. Elles sont annoncées par des
affiches.

1   L'ouverture de la foire S. Laurent,
prorogée ordinairement jusqu'au mois
d'Octobre.

3   On brûle une figure d'homme faite
d'osier, dans la rue aux Ours, en mémoire du miracle arrivé dans cette rue
en 1418. à l'occasion de l'impiété com-
mise sur l'image de la sainte Vierge
par un soldat Suisse qui frapa sa statue de trois coups de couteau. Il en sor-
tit du sang, & le Suisse fut brûlé &c.

17   L'ouverture de la foire de S. Clair
qui dure 8. jours dans la rue S. Victor.

23   Les écoles de Théologie de Sorbonne
& de Navarre cessent leurs leçons jusqu'au lendemain de sainte Ursule, & les
écoles de Médecine jusqu'au lendemain
de S. Martin.

AOUST.

MEſſieurs de l'Election de Paris vont un jour de ce mois tenir l'audience à la foire S. Laurent.

Le premier mercredi de ce mois les Penſionnaires du Collége de Louis le Grand repréſentent une Tragédie qui attire dans ce Collége une aſſemblée des plus nombreuſes, & des plus diſtinguées, après laquelle on diſtribue les prix fondés par ſa Majeſté.

7   C'eſt ordinairement ce jour-là, que les Ecoliers des principaux Colléges de l'Univerſité commencent à repréſenter des Tragédies & des Comédies pour la diſtribution des prix.

14   Meſſieurs du Parlement tiennent leur ſéance au Châtelet pour les priſonniers.

15   La Proceſſion de Notre-Dame dans les rues de la Cité pour le renouvellement du vœu de Louis XIII : les Cours ſouveraines & le Corps de Ville y aſſiſtent.

On va voir jouer les eaux à Verſailles, à S. Cloud, & à Marly.

Dans l'octave de l'Aſſomption, Meſſieurs de la grande Confrerie aux Seigneurs, Prêtres, & Bourgeois de Paris vont en Proceſſion chanter la Meſſe dans une des Egliſes de la Ville.

16　L'élection de deux Echevins dans la grande Sale de l'Hôtel de Ville.

Quelques jours après la Fête de l'Aſſomption ſe font les paranymphes de la Faculté de Médecine aux écoles rue de la Bucherie ; les Bacheliers de la Faculté vont inviter le Parlement, la Chambre des Comptes, la Cour des Aides, & la Ville d'aſſiſter à ces paranymphes.

24　Jour de S. Barthelemi, & la veille de S. Louis, les eaux jouent à Verſailles & à Marly.

L'Académie Royale de muſique donne à 9 heures du ſoir dans le jardin des Thuilleries un concert de ſymphonie pour la Fête du Roi.

25　Jour de S. Louis Mrs de l'Académie Françoiſe s'aſſemblent à la Chapelle du Louvre, où il y a une Meſſe en muſique & le Panégyrique de S. Louis : Meſſieurs les Prévôt des Marchands, Echevins & les Officiers de la Ville y vont auſſi. Meſſieurs de l'Académie des Inſcriptions, & Meſſieurs de l'Académie des Sciences, aux Peres de *l'Oratoire.*

Le Panégyrique latin de Louis XIV. fondé par la Maiſon de Ville en 1684. *Au Collége de Navarre.* L'après-midi, Meſſieurs de l'Académie Françoiſe s'aſ-

femblent pour diftribuer les prix d'é-
loquence & de poëfie.

25   L'ouverture du beau Salon des Tableaux au Louvre : on y voit jufqu'au
mois d'Octobre les peintures, fculptures, & gravures de Meffieurs de l'A-
cadémie Royale de peinture, &c. on
trouve à la porte du Salon l'explication
imprimée de ces tableaux, fculptures
& gravures.

28   Grande mufique à S. Julien des Mé-
nétriers, rue S. Martin.

30   Jour de S. Fiacre, l'ouverture de la
Foire S. Ovide à la place Vendome :
elle dure 9 jours.

SEPTEMBRE.

LE Dimanche dans l'octave de S. Fiacre, la Foire de Befons dans une des allées de l'Etoile. Il y a un très-grand
concours de monde.

7   La clôture du Parlement jufqu'à la
S. Martin.

8   Jour de la Vierge & le Dimanche fuivant on va fe promener au Château &
au Parc de S. Cloud, où toutes les eaux
jouent comme les premiers Dimanches
du mois. Les galiotes pour y aller par-
tent du Pont-Royal à 7 & à 8 heures du

matin , & les batelets à toute heure : les places coutent 5 fols.

9   L'ouverture de la Chambre des Vacations du Parlement.

OCTOBRE.

1   L'Ouverture ou la rentrée des Claffes des Colléges de l'Université, par des Difcours Latins prononcés par les Profeffeurs.

L'élection du Syndic de Sorbonne.

6   Fête de S. Bruno. Le Cloître des Chartreux ouvert à tout le monde.

9   La Compagnie des Chevaliers de l'Arquebufe s'affemble à la maifon profeffe des Jéfuites : Meffe folemnelle.

La Fête à S. Denys : il y a une Foire qui dure 8 jours. Le jour de l'octave les Religieux de l'Abbaye chantent la Meffe en langue Grecque.

10   Affemblée de l'Université aux Mathurins pour l'élection ou la prorogation du Recteur.

17   Toutes les Paroiffes & Collégiales qui fuivent le Rit de Paris, prennent leurs habits d'hiver.

21   Jour de fainte Urfule : grande folemnité en Sorbonne : un panégyrique latin à 8 heures du matin, un autre à 7 heures; c'eft le feul jour où les femmes peuvent

entrer dans la maison de Sorbonne.

27   Clôture de la Chambre des Vacations. Messieurs du Parlement tiennent leur féance au Châtelet pour les prisonniers.

28   Jour de S. Simon, S. Jude, la dédicace de l'Eglise du Grand - Prieuré de France. La Foire dans la Cour du Temple. C'est la *Foire aux manchons.*

NOVEMBRE.

1   L'On va au Cimetière de Clamar prier Dieu pour les Trepaffés : il y a une foire qui y attire un grand concours de monde.

3   Jour de S. Hubert : chaffe royale à Fontainebleau. On voit au rendez - vous de cette chaffe les Seigneurs de la Cour; les Dames font habillées en Amazones.

11   Jour de S. Martin, Bal à l'Opera : on le donne tous les Dimanches & tous les jeudis jufqu'au 1. Dimanche de l'Avent.

12   La rentrée augufte du Parlement qui affifte en Robe rouge à une Meffe folemnelle, chantée par les Muficiens de la fainte Chapelle à l'Autel de la grande Sale du Palais. On éleve dans cette Sale des gradins pour placer le monde : les places s'y louent.

    La rentrée de l'Académie Royale des Sciences par une affemblée publique.

    La rentrée des autres Académies les

jours fuivans auffi par une affemblée publique.

Le premier mardi, jeudi, ou famedi après la S. Martin fe fait l'ouverture du cours de Phyfique expérimentale par M. l'Abbé Nollet. *Au Collége de Navarre.*

Le Lundi d'après la S. Martin l'ouverture des leçons des écoles de Droit & de Médecine.

Depuis la S. Martin jufqu'à la fin du Carême, il y a *Opéra* les jeudis.

28 L'anniverfaire du Roi Clovis à fainte Généviéve en habits violets.

DECEMBRE.

4 Jour de fainte Barbe, l'anniverfaire du Cardinal de Richelieu mort en 1642, *à l'Eglife du Collége de Sorbonne* : la Maifon & l'Eglife font ouvertes ce jour-là pour tout le monde. L'on y voit le maufolée de ce grand Miniftre, un chef-d'œuvre de fculpture.

23 Les Benedictins de l'Abbaye S. Germain célébrent avec beaucoup de folemnité, dans leur Eglife, l'anniverfaire du Roi Childebert & de la Reine Ultrogotte fa femme, leurs fondateurs.

Meffieurs du Parlement tiennent leur féance au Châtelet pour les prifonniers.

31   On va le soir au Palais, pour acheter des bijoux & voir toutes les curiosités qu'on y expose en vente. Il y a un très - grand concours de monde de tous les états, & les boutiques y font éclairées magnifiquement.

Précis historique de la ville de Paris, depuis son origine jusqu'à la fin du règne de Louis XIV.

PARIS d'abord appellé *Lutéce*, ne fut long-tems qu'une bourgade : César est le premier Auteur qui parle de cette bourgade. Elle étoit alors renfermée dans l'espace que nous appellons aujourd'hui l'Isle du Palais. *Lutéce* s'accrut dans les suites, elle formoit déja une petite ville sous l'Empereur Julien ; elle étoit fortifiée. Ammien-Marcellin qui écrivoit vers l'an 315 parle du fauxbourg de *Lutéce*, & il appelle cette ville la forteresse des Parisiens. Elle dut sans doute ses premiers accroissemens au séjour de plusieurs Empereurs-Romains qui y passerent leurs quartiers d'hiver.

Lutéce plus connue depuis sous le nom de *Paris*, reçut bientôt d'autres accroissemens plus considérables sous les Rois de la premiere race : Clovis vers l'an 508 déclara *Paris* capitale de fon Empire. Les Abbayes de S. Vincent aujourd'hui S. Germain - dès - près , de S. Germain-l'Auxerrois, de fainte Géneviéve & de S. Laurent, furent fondées dans le même fiécle, bâties dans les environs de Paris, & bientôt environnées elles-mêmes de maifons : ces maifons étoient habitées par les ouvriers néceffaires au fervice de l'Abbaye, & chaque monaftere forma ainfi une bourgade féparée. Les Eglifes de S. Paul & de S. Julien Martyr furent bâties encore fous la premiere race, & il eft vraifemblable que leurs environs étoient habités.

Ces bourgades & ces premiers fauxbourgs, encore féparés de *Paris* fous la féconde race, furent ravagés par les Normands qui tenterent fouvent de s'emparer de la ville même : *Paris* n'avoit alors que deux Ponts défendus chacun par une fortereffe, c'eft-à-dire, par le grand & le petit Châtelet : ce dernier fut détruit par les Normands ; il a été rebâti fous Charles V. 450 ans après fa deftruction.

Nous n'avons parlé ni de l'Eglife Cathédrale ni du Palais, parce que l'époque de leur conftruction eft incertaine : on fçait feulement que ces deux édifices étoient déja anciens au commencement de la feconde race. L'ifle du Palais ou la Cité renfer-

moit encore alors un Palais épiscopal & une
place publique. Les Eglises que nous y voyons
aujourd'hui, sont si anciennes qu'on peut les
croire bâties avant la troisiéme race. Le Palais servit toujours d'habitation à nos Rois
jusqu'au regne de Philippe le Bel.

Paris sous Huguet Capet étoit augmenté
au Nord, d'une nouvelle ville entourée de
murailles & fortifiée de distance en distance
par des tours & des bastions. Cette enceinte
formoit presque un demi-cercle : les angles
aboutissoient l'un à la descente du Pont au
Change vers le Fort-l'Evêque, & le second
au dessous de la Gréve, vis-à-vis la Paroisse
S. Gervais. Une porte placée dans l'espace
où nous voyons aujourd'hui S. Merri, par-
tageoit le demi-cercle en deux parties presque égales. Il s'étoit formé plusieurs fauxbourgs, l'un à S. Germain-l'Auxerrois, un
autre à S. Eustache, & plusieurs encore au
Nord, au Midi, &c. Philippe-Auguste les
renferma avec la ville dans une enceinte
commune ; cette nouvelle clôture commençoit d'un côté au dessous de S. Germain
l'Auxerrois, elle s'étendoit vers la porte
S. Martin, & elle venoit aboutir au lieu où
est aujourd'hui le Pont-Marie : de l'autre
côté la muraille commençoit au lieu où est
aujourd'hui le Pont de la Tournelle ; elle
renfermoit sainte Géneviéve, l'espace occupé
aujourd'hui par les Jacobins, & elle finis-

soit à la Riviere dans l'endroit où l'on a bâti depuis le Quai des quatre Nations. L'espace compris dans la nouvelle enceinte de Philippe-Auguste n'étoit point entiérement bâti, il y restoit des terreins vagues : les vuides furent remplis dans la suite, & c'est-là ce qui multiplia les Paroisses. Le fauxbourg S. Germain, & le fauxbourg S. Marcel, toujours séparés de la ville, mais très peuplés prirent l'un & l'autre le nom de ville.

Nous ne cherchons qu'à donner ici une idée générale des différens états par lesquels la ville de Paris a passé, & il nous paroît inutile d'entrer dans les détails de divers accroissemens qu'elle a reçus depuis Philippe-Auguste : nous n'indiquerons que les principales augmentations. Le Roi Jean entoura la ville de fossés, il vouloit arrêter les Anglois qui menaçoient la capitale : mais cette précaution ne parut point suffire encore ; Charles V. joignit un mur aux fossés & augmenta l'enceinte : il renferma dans le nouveau mur l'espace compris aujourd'hui entre l'Arsenal, les Portes S. Antoine, S. Martin, S. Denys, la place des Victoires, le Palais Royal, les Quinze-Vingts & la rue S. Nicaise. C'est sous le Regne de ce Prince que la Bastille fut bâtie l'an 1371 : il fit construire dans le même temps le Palais des Tournelles & l'Hôtel S. Paul, le premier sur le terrein de la Place Royale & le second

près

près de l'Eglise qui porte le nom de S. Paul :
les Ponts S. Michel & Notre-Dame font du
même regne. Nous devons remarquer que
depuis Philippe Auguste, jusqu'à François I.
l'Université contribua beaucoup à peupler la
ville de Paris : elle occupe depuis le dou-
zième siècle le quartier où nous la voyons :
elle multiplia ses Colleges. Sa célébrité
attiroit un nombre immense d'écoliers ; &
les besoins de ces écoliers fixèrent autour
de ces Colleges, des Artisans, des Marchands, &c.

Paris cependant ne commença à acqué-
rir quelque splendeur que sous le regne
de François I. On sentit alors la petitesse
des anciens édifices, ce Prince fit rebâtir
le Louvre : & dans l'espace de 50. années
après cette date, on vit s'élever le château
des Thuilleries, les bâtimens de la porte
S. Antoine, l'Arsenal, le quai du Louvre,
&c. Henri II. craignit les inconvéniens
d'une ville qui s'agrandissoit sans mesure ;
il défendit l'an 1549. de bâtir dans les
fauxbourgs ; mais 9. ans après, la dé-
fense fut levée, & on bâtit le fauxbourg
S. Jacques.

Charles IX. voulut donner à la ville une
enceinte plus spacieuse : il se proposoit d'y
renfermer le terrein qu'on appelloit alors
le fauxbourg S. Honoré, & qui remplis-
soit l'espace compris aujourd'hui entre la

rue S. Nicaife & la place Vendôme. On y bâtit la Chapelle de S. Roch, aujour-d'hui Paroiffe : mais elle ne fut dabord que fuccurfale de S. Germain l'Auxerrois. Les guerres civiles arrêterent le projet de Charles IX. Henri III. cependant commença le Pont neuf l'an 1578. Ce grand édifice fut achevé l'an 1604. c'eft fous le regne d'Henri IV. que le deffein de Charles IX. fut continué, l'enceinte fut entiérement habitée ; les terreins vagues qui reftoient depuis Philippe Augufte, furent couverts de maifons ; enfin ce Prince éleva la galerie du Louvre. Il reftoit encore des efpaces vuides & dans la ville & dans les fauxbourgs ; ces efpaces furent remplis fous Louis XIII. Il renferma l'an 1634. dans une nouvelle enceinte les anciens fauxbourgs de S. Honoré & de Montmartre : il s'en forma bien-tôt de nouveaux, les anciens s'accrurent, & l'étendue de la ville augmentoit de jour en jour, lorfque par Arrêt du Confeil l'an 1638. il fut ordonné de planter des bornes : l'Arrêt ne fut point exécuté, c'eft-à-dire, qu'on bâtit encore au-delà des bornes ; mais Louis XIV. renouvella la défenfe. C'eft fous ce Regne, & par la magnificence de ce Prince, que Paris eft devenu l'une des plus belles & peut-être la premiére ville du monde. On bâtit les ponts aux Chan-

-ges , de la Tournelle & le pont Royal, l'hôtel des Invalides, les places , &c. Le goût du Prince anima le goût des particuliers, l'Architecture Françoise s'ennoblit, elle éleva , elle décora ce nombre immense de maisons que les étrangers eux-mêmes sont forcés d'admirer.

IDE'E PARTICULIERE DE PARIS.

PAris , situé à l'égard du ciel au 20 degré de longitude & au 48 51. min. de latitude , est à 90 lieües de Londres, 95 d'Amsterdam, 305 de Stocolm , 240 de Coppenhague , 520 de Mocou , 345 de Varsovie, 350 de Vienne , 500 de Constantinople, 270 de Rome , 160 de Turin , 250 de Madrid, 350 de Lisbonne &c.

Cette ville passe pour la plus riche, la plus florissante & une des plus grandes villes de l'Europe ; elle ne le céde à aucune ville du monde , soit par le nombre de ses habitans & par le nombre prodigieux de ses superbes bâtimens ; soit par la sagesse de son Gouvernement & de sa Police ; soit par rapport aux Sciences & aux Arts qu'on y cultive , qui y sont parvenus à un haut point de perfection ; soit pour tous les agrémens & toutes les commodités qu'on y trouve ; soit enfin par le commerce prodigieux qui s'y fait. Le feul commerce en étoffes, en galons d'or, d'argent & de foie, en modes, gazes, rubans &c. furpaffe le commerce en gros des villes les plus commerçantes. Elle a plus de deux lieües de diametre, & fix à fept de circonférence en y comprenant les 13 Faux-bourgs dont quelques-uns font auffi confidérables que des grandes villes. Son Evêché fut fondé par S. Denys vers le commencement du troifième fiécle, & n'a été érigé en Archevêché qu'en 1622. Son Univerfité la premiere, la plus fameufe de la Chrétienté, doit fa fondatiou à Charle-Magne vers l'an 790. Son Parlement rendu fédentaire fous le Roi Philippe le Bel, eft un des plus célébres tribunaux du monde, le premier Parlement du Royaume, la Cour des Pairs, celui dont le reffort eft le plus étendu.

La riviére de Seine partage la ville en deux parties prefque égales, & lui apporte des vivres & toutes les chofes néceffaires des principales provinces. La grande confommation qui s'y fait de toute forte de denrées, de vivres & de marchandifes, devroit fans doute y occafionner fouvent une grande cherté, & quelquefois la difette. On prétend qu'il s'y confume par an plus de cent foixante mille muids de bled, trois cens cinquante mille muids de vin, fans compter les vins de liqueur, la biére, le cidre &c. quatre-vingt-dix mille bœufs ou vaches, cent vingt mille veaux, fept cent mille moutons, une quantité innombrable de piéces de volaille & de gibier &c. Cependant tout le monde convient qu'il n'y a peut-être point de ville dans le royaume où les étrangers puiflent vivre plus commodement & à meilleur marché. Outre un grand nombre d'auberges pour les voyageurs, il y a trois & quatre cens hôtels garnis où l'on trouve à fe loger à toute forte de prix, depuis 6, 10, & 12, liv. par mois, jufqu'à 2, 3, & 400 liv. &c. & à manger depuis 15 & 20 fols par repas jufqu'à 6 liv. & au delà. Il y a même des auberges ou *gargottes* à 8, 10, & 12 fols par repas. Les domeftiques à qui les maîtres donnent de l'argent au lieu de nourriture, y vivent à 12 fols par jour fans vin, & ils font bien nourris.

Paris fe divifoit autrefois en Cité, Univerfité, & Ville : par une Déclaration de Louis XIV. du mois de Janvier 1701. Paris a été divifé en 20 quartiers, à chacun defquels il y a des officiers prépofés pour y maintenir l'ordre, la police, & la tranquillité : des pompes pour remedier aux incendies aux dépens de la ville : des fontaines publiques dans tous les quartiers pour fournir de l'eau aux habitans : un réfervoir & un canal en pierre de taille pour porter les immondices de la ville dans la riviere : des lanternes pour éclairer les rues pendant la nuit.

Les principaux de ces Officiers font des Commiffaires au Châtelet dont la principale fonction confifte, fous l'autorité du Lieutenant général de Police, à maintenir le bon ordre dans la ville. Mais ils ont encore plufieurs fonctions dans lefquelles ils repréfentent les Juges au civil, au criminel, & à la police. Par l'Edit de Janvier 1685, il leur eft enjoint d'informer le Lieutenant-criminel, & le Procureur du Roi, des crimes qui fe commettent dans l'étendue des quartiers où ils font diftribués, dans le jour qu'ils en ont connoiffance. Il leur eft défendu par Arrêt du 9 Juillet 1712. d'aller dans les maifons, fans être requis par le propriétaire, ou le locataire, ou par quelqu'autre perfonne fuivant l'exigence des cas, à moins qu'ils ne foient porteurs d'une Ordonnance du Juge qui leur en donne la permiffion.

Nous marquerons à chaque Quartier le nombre des Commiffaires qui y font établis pour la police : le nombre des dépôts de pompes pour remédier aux incendies, & le nombre des lanternes pour en éclairer les rues pendant la nuit.

20. Quartiers, 48. Commiffaires, 20 Infpecteurs de police, 25. dépôts de

pompes , 45. fontaines publiques , plus
de 6000. lanternes pour éclairer les rues
pendant la nuit ; [l'établiffement des lanternes en 1667. de même que le nétoyement
des rues , eft dû à Monfieur de la Reynie
premier Lieutenant - général de police.]
Plufieurs places publiques ornées de la ftatue en bronze de quelques-uns de nos
Roix : 15. ponts , 18. abreuvoirs , &c.

DIVISION PAR QUARTIERS.

La Cité.	La Greve.
S. Jacques de la Bou-cherie.	S. Avoye.
	Le Temple.
S. Opportune.	S. Paul.
Le Louvre.	S. Antoine.
Le Palais Royal.	La place Maubert.
Mont-martre.	S. Benoît.
S. Euftache.	S. André.
Les Halles.	Le Luxembourg.
S. Denys.	S. Germain des Près.
S. Martin.	

Le quartier de la Cité.

3 Commiffaires.
3 dépôts de pompes.
412 lanternes.

Le quartier S. Jacques.

2 Commiffaires.
180 lanternes.

Le quartier de sainte Opportune.

2 Commissaires.
155 lanternes.

Le quartier du Louvre, ou de saint Germain
l'Auxerrois.

2 Commissaires.
200 lanternes.

Le quartier du **Palais Royal.**
3 Commissaires.
300 lanternes.
5 dépôts de pompes.

Le quartier Mont-martre.

2 Commissaires.
290 lanternes.

Le quartier saint Eustache.

2 Commissaires.
250 lanternes.
3 dépôts de pompes.

Le quartier des Halles.
2 Commissaires.
150 lanternes.

Le quartier de saint Denys.
3 Commissaires.
310 lanternes.

Le quartier saint Martin.
3 Commissaires.
415 lanternes.
2 dépôts de pompes.

Le quartier de la Greve.

2 Commissaires.
200 lanternes.
1 dépôt de pompes.

Le quartier saint Paul.

2 Commissaires.
180 lanternes.
1 dépôt de pompes.

Le quartier sainte Avoye.

2 Commissaires.
180 lanternes.

Le quartier du Temple, ou du Marais.

2 Commissaires.
360 lanternes.

Le quartier de saint Antoine.

3 Commissaires.
340 lanternes.
2 dépôts de pompes.

Le quartier de la place Maubert.

2 Commissaires.
320 lanternes.
3 dépôts de pompes.

Le quartier de saint Benoît.

2 Commissaires.
307 lanternes.

Le quartier saint André des Arts.

3 Commissaires.
320 lanternes.

B v

Le quartier du Luxembourg.

3 Commissaires.

400 lanternes.

Le quartier de saint Germain.

3 Commissaires.

400 lanternes.

5 dépôts de pompes.

PLACES PUBLIQUES ORNÉES.

Quartier de la Cité.

La place au milieu du Pont-neuf, ornée de la statue équestre d'Henri IV. élevée en 1624, quatorze ans après la mort de ce Prince, vis-à-vis la place Dauphine.

Quartier saint Antoine.

La place Royale, ornée de la statue équestre de Louis XIII. élevée en Septembre 1639.

Quartier Mont-martre.

La place des Victoires, ornée de la statue pédestre de Louis XIV. élevée en 1687.

Quartier du Palais Royal.

La place de Louis-le-Grand, ornée de la statue équestre de ce Prince, élevée en 1699.

Quartier du Palais Royal.

La ftatue équeftre de Louis XV. vient
d'être fondue pour être placée au milieu
de la belle place qu'on forme entre le jardin des Thuilleries & le Cours.

***

45. fontaines publiques qui reçoivent
l'eau de la Seine par le moyen des pompes établies fur le pont Notre-Dame , &
à la Samaritaine fur le Pont-neuf, & l'eau
des fources autour de Paris par le moyen
des trois aqueducs d'Arcueil, de Belleville,
& du Pré faint Gervais.

Le réfervoir de la ville auprès du pont-
aux - choux fur le boulevard reçoit les
eaux qu'on y éleve par le moyen des
pompes , & les fournit dans un canal de
pierre de taille qui a été conftruit pour
porter les immondices de la ville dans la
rivieres. Ce canal commence au réfervoir,
& tombe dans la Seine , au-deffus du petit
cours. C'eft un ouvrage digne des Romains :
nous le devons à un illuftre Prévôt des Marchands , * dont le goût, le zèle & l'amour
pour le bien public & pour l'embelliffement
de la ville nous laiffent des monumens
immortels à fa gloire dans prefque tous
les quartiers de Paris.

* Monfieur Turgot , confeiller d'état.

B vj

PONTS SUR LA SEINE.

Le pont Royal.
Le Pont-neuf.
Le pont de la Tournelle.
Le pont de l'Isle de Louviers.
Le pont Marie.
Le pont Rouge.
Le pont de l'Hôtel-Dieu.
Le pont Notre-Dame.
Le pont du Châtelet.
Le pont aux Changes.
Le pont S. Michel.
Le pont de l'Isle des Cygnes , &c.

Six endroits où l'on passe la riviere en bateau.

A la Rapée.
Au Mail.
A la Greve.

Des grands degrés au Cloître N. D.
Au Port S. Nicolas.
Au Port de la Conférence.

Vingt-cinq ports ou gares pour les bâteaux & coches chargés de marchandises , bois, charbon , foin , &c.

Rive droite de la riviere.   *Rive gauche.*

Le port de la Rapée.
Le port au Platre.
Le port au dessus du Mail.

Le port de l'Hôpital Général.
Le port de la barriere-Tournelle.

Rive droite.	*Rive gauche.*
Le port du pont de Gramont.	Le port S. Bernard.
Le port S. Paul.	Le port de la Tour-nelle.
Le quai S. Paul.	Le port au-deſſous du pont.
Le quai du port Marie.	Le p. des Miramions.
Le port au foin.	Le pont S. Landry.
Le port au bled.	Le port des Théatins.
Le port de la Gre-ve.	Le port de la Gre-nouiller e.
Le port S. Nicolas.	Le port des Invalides.
Le port du pont Royal.	Le port de l'Iſle des Cygnes.
Le port de la Confé-rence.	Le port de l'Ecole Militaire.

Le commerce dans tous ces ports eſt ouvert tous les jours depuis le premier Avril juſqu'au dernier Octobre à ſix heures du matin, & ſe ferme à ſix heures du ſoir ; & depuis le premier Novembre juſqu'au dernier Mars à ſept heures du matin juſqu'à cinq heures du ſoir.

Outre les ports au foin, il y a encore deux marchés où le foin ſe porte en char-retes ; & c'eſt là que ſe vend le meilleur foin, le foin de fermier ou de laboureur.

Le premier de ces marchés eſt au haut

de la place S. Michel jufqu'aux Chartreux, & tient tous les jours.

Le fecond eft au fauxbourg S. Antoine; & tient le mardi & le vendredi.

Deux marchés pour l'avoine.

Au port au bled.   Au marché de la halle.

Quinze marchés au pain, où un certain nombre de boulangers, tant de la ville que du dehors, doivent étaler leurs pains les mercredis & fes famedis.

Plus de 30. marchés qui tiennent tous les jours dans les différens quartiers, où les cultivateurs de la campagne portent les productions de la terre & de leur induftrie pour la fubfiftance des habitans de la ville.

Plus de 100. chantiers où l'on va prendre le bois à brûler.

Six marchés au charbon de bois.

On trouvera la taxe du Charbon, & du bois à brûler dans un Ouvrage que nous allons donner au public.

Un marché principal pour la volaille, & pour toute forte de gibier.

La vallée . . . . Quai des Auguftins.

C'eft-là où fe portent d'abord toute la volaille & tout le gibier qui entrent dans Paris, d'où on les porte aux autres marchés.

Un marché aux veaux qui tient le vendredi . . au-deſſus du port au Foin,
près le pont-Marie.

Il n'y a point de marché aux bœufs
dans Paris. Les bouchers vont acheter à
Poiſſy & à Saulx, où les marchands forains
menent leurs bœufs pour les vendre aux
bouchers de Paris, depuis le mardi de la
ſemaine ſainte juſqu'au mardi-gras.

Le marché de Saulx   le lundi.
Le marché de Poiſſi   le jeudi.

Un (marché aux chevaux { mercredi
à l'extrémité du fauxbourg { &
S. Victor. { ſamedi.

LES HALLES.

Les halles doivent leur premier établiſſement à Louis VI. Philippe Auguſte en
augmenta le nombre, & les renferma dans
le quartier où nous les voyons aujourd'hui :
nous en comptons au moins dix-huit, tant
halles couvertes, que halles découvertes :
la halle aux draps, la halle aux toiles,
la halle aux cuirs, la halle à la marée
fraîche, la halle à la ſaline, la halle au
bled, la halle au vin, &c.

MINISTERE.

LE Roi ne pouvant veiller par lui-même à tous les détails de l'administration de son royaume, est obligé de confier l'exercice de sa puissance à ses Ministres & autres Officiers. L'administration de la justice au Chancelier de France & aux Tribunaux : les affaires avec les puissances étrangères, les affaires du clergé, les affaires de la guerre, les affaires de la marine à des Sécretaires d'état : enfin l'administration des finances & du département du commerce à un Controlleur-Général des finances.

Louis XIII. par un Réglement du 11. Mars 1626. fixa les départemens des quatre Sécretaires d'état. Les Sécretaires d'état, chacun dans sa partie, expédien les depêches de sa Majesté, ses Lettres de cachet, les brevets, les arrêts du Conseil d'en-haut, & les provisions qu'ils signent en commandement. Ils gardent & signent les minutes des traités de paix, des contrats de mariage passés en présence du Roi, & des autres affaires importantes de la Couronne. Ce sont eux qui conduisent les Députés des Parlemens, des Etats, des Provinces, &c.

l'audience du Roi, chacun suivant le département dans lequel ces compagnies sont situées. Toutes les lettres de ces compagnies au Roi doivent être adressées aux Sécretaires l'état, &c.

SECRETAIRES D'ETAT.

LA MAISON DU ROI, LE CLERGE'; LA VILLE DE PARIS, &c.

Monsieur LE COMTE DE SAINT FLORENTIN, *Ministre & Sécretaire d'Etat.*

Audience le lundi,   *au Louvre.*

M. du Chenne Sécretaire, au petit Hôtel d'Evreux, *fauxbourg saint Honoré.*

PREMIERS COMMIS.

Et Affaires de chaque Bureau.

M. Menart de Clesse,   *à Versailles.*
La maison du Roi, le département de Paris & la généralité, les généralités d'Orléans, Poitiers, la Rochelle & Soissons.

M. de Livry,   *à Versailles.*
Les départemens des Provinces de Languedoc, Provence, Bretagne, Bourbonnois, Touraine, Limosin, Auvergne, Bearn, Foix, Bourgogne, Bresse, Picardie.

M. Eydieu,   *à Versailles.*

Même département que M. de Livry pour toutes les villes, corps & communautés, affaires ecclésiastiques, & toutes celles qui peuvent regarder les Evêques.

M. Douin,   *à Versailles.*

La Guyenne haute & basse, ce qui comprend les Intendances de Bordeaux & Auch ; la Normandie qui comprend les généralités de Rouen, de Caen & d'Alançon ; la Champagne & la partie de la Brie qui dépend de la généralité de Châlons ; la ville & la généralité de Lyon, & le Berry.

M. Robineau,   *à Versailles.*
Le Sécretariat.

LA GUERRE.

Monsieur LE MARECHAL DE BELLE-ISLE, Duc & Pair de France, Prince du Saint-Empire, Ministre & Sécretaire d'état, ayant le département de la guerre.

Monsieur DE CREMILLE Lieutenant général des armées du Roi, grand-croix de l'ordre Royal & militaire de S. Louis, inspecteur général d'Infanterie & de Cavalerie.

Premiers Commis.

M. le Tourneur, *à Versailles.*

L'ordre de S. Louis, les provisions & lettres des grands croix, commandeurs, pensionnaires & chevaliers, & les ordonnances dudit ordre pour le payement des pensions : les commissions, lettres & brevets pour toutes les troupes : les congés des officiers des troupes : les pensions de retraites en général, & les graces relatives aux Officiers actuellement au service : les promotions d'Officiers généraux, les gouvernemens & états-majors des places.

>> Les brevets & commissions de ces deux >> derniers articles s'expédient au bureau >> de M. de Fumeron.

M. de Ségent, *à Versailles.*

L'expédition des ordonnances de fonds au trésor royal, & la distribution de ces fonds pour le payement des troupes & de toutes les autres dépenses du département, du Sécretaire d'état de la guerre : des ordonnances de pensions & gratifications au trésor royal, & sur le quatriéme denier : les reliefs, les appointemens des Inspecteurs, le traitement des Officiers-généraux employés : les états du Roi pour les

armées : les appointemens des commissaires des guerres , des états-majors des
places, frontiéres & garnisons ordinaires,
& des officiers réformés retirés dans les
Provinces, ou en résidence dans les places
frontiéres : la composition des ordonnances pour le payement des troupes , tant
en hiver qu'en campagne : l'ustensile &
quartier d'hiver pendant la guerre : les
comptes des Tréforiers-généraux de l'extraordinaire des guerres , & du quatrième
denier ; ceux des vivres & fourrages &
de la viande en temps de guerre , des
étapes & des régies de toute espéce, lorsqu'il
y en a pendant la guerre.

M. de Fumeron ,   *à Versailles.*

La correspondance avec les généraux des
armées , les commandans & intendans des
provinces & les commandans des places,
& des regimens, & sur tout ce qui intéresse
le service & la discipline des troupes :
l'expédition des pouvoirs, brevets & lettres de service des Officiers-généraux : des
provisions, commissions, ordres & brevets
des officiers de l'état-major de la cavale-
ries & des dragons : des gouverneurs &
autres officiers de l'état-major des places,
& leurs congés : les commissaires des guer-

res & les affaires de ce département, autres que celles qui font contentieuſes.

M. Marie.   à Versailles.

Les affaires contentieuſes, qui ſe portent au conſeil des dépêches & autres affaires des provinces du département : l'expédition des arrêts, lettres-patentes, ordres, &c. qui en dépendent : les lettres d'état, ſauf-conduits, ſurſéances, paſſeports & brevets de retenuë, de penſion & de grace : les états & ordonnances ſur les fonds du taillon : la vérification des états au vrai de l'ordinaire des guerres & des maréchauſſées : l'état des garniſons ordinaires du royaume : les affaires de l'ordre de ſaint louis, & les proviſions des charges de cet ordre : l'école royale & militaire : la correſpondance pour la ſignature des états & arrêts de finance, & celle des expéditions de chancellerie, qui regardent les provinces du département.

M. de Montmirel,   à Versailles.

Les poudres & les ſalpêtres, l'artillerie, l'armement des troupes.

M. Dubois.   à Versailles.

Les ordonnances concernant la création, l'augmentation & la réforme des troupes : le détail de la milice : les revenus d'inf pecteurs : les fortifications & le corps royal de l'artillerie & le génie : les écoles & les commissaires des guerres dudit corps : la remise des fonds pour la solde des bataillons de ce corps, pour les dépenses de l'artillerie & des fortifications : les comptes des tréforiers généraux du corps, & les revues des bataillons.

M. Dubuisson, *à Versailles.*

Les subsistances des troupes, tant en pain de munition, qu'en viandes & fourrages : les bois & lumiére, & les approvisionnemens extraordinaires que les circonstances peuvent éxiger.

M. Logette. *à Versailles.*
Les maréchaussées,

M. de S. Laurent. *à Versailles.*
L'habillement des gardes-du-corps, des troupes & de la milice : les masses des troupes, les drapeaux & les étendarts.

M. de Chenevieres. *à Versailles.*
Le détail des hôpitaux militaires : les lits, tant des casernes que des hôpitaux : les ustensiles & fournitures des casernes & corps-de-garde.

. de Chateauvillard,   *à Versailles.*
Les invalides, les déserteurs & le con-
ôle des troupes.

. Desnois,   *à Versailles.*
Les dettes des troupes.

A LA MARINE

Monsieur BERRYER, Ministre & secrétaire
'état, ayant le département de la marine.

PREMIERS COMMIS.

M. Pellerin,   *à Versailles.*
   L'approvisionnement& la police des ports,
& les affaires courantes, &c.

M. le Guay,   *à Versailles.*
   Les consulats & le commerce.

M. Truget,   *à Paris.*
   Les bois & le dépôt des papiers concernant le service de la marine. Son bureau
est aux petits peres, place des victoires.

M. Accaron,   *à Versailles.*
   Les colonies, & tout ce qui y a rapport

M. Chevalier,   *à Versailles.*
Les fonds & les invalides.
M. Nitard, à Paris, croix des petits champs.
Les comptes de la marine.

M. Rodier,   *à Versailles.*
Les officiers d'épée & de plume : les compagnies franches de la marine & les galeres.

M. de la Riviere,   *à Versailles.*
Les classes.

M. Bourline,   *à Versailles.*
Les fortifications maritimes.

M. David,   *à Versailles.*
Les gardes-côtes, &c.

LES AFFAIRES ETRANGERES.

M. LE DUC DE CHOISEUL, ministre & sécrétaire d'état, ayant le département des affaires étrangéres.

PREMIERE

PREMIERS COMMIS.

M. l'abbé de la Ville,   *à Versailles.*
   L'Espagne, l'Angleterre, les états de Hollande & l'Italie.

M. de Bussy,   *à Versailles.*
   L'Allemagne, & tous les états du Nord.

M. Tercier.   *à Versailles.*
La Suisse, & tout le Levant.

M. Gaudin,   *à Versailles.*
   Les fonds.

   LA VILLE, prévôté & vicomté de Paris est dans le département de M. le comte de S. Florentin. Nous placerons ici M. le lieutenant général de police & M. le prévôt des marchands, à cause des relations journalières & nécessaires de ces deux magistrats avec les ministres & sécretaires d'état, & sans prétendre rien changer à l'ordre naturel.

LA POLICE.

Police se dit de l'ordre qui doit s'observer dans la ville pour y maintenir la discipline & empêcher les désordres, & de la jurisdiction que les tribunaux & le magistrat exercent pour la sûreté des habitans, & pour la conservation du bon ordre. Le bon ordre consiste à entretenir la netteté & la sûreté dans la ville, l'abondance des denrées nécessaires à la vie, l'observation des statuts des marchands & artisans, à réformer les abus qui se peuvent commettre dans le commerce, à empêcher le scandale public, à extirper de la ville les lieux de débauche & les jeux défendus, &c.

La direction de la police de Paris appartenoit autrefois au lieutenant civil sous l'autorité du Parlement. Les fonctions de la justice & de la police se trouvant souvent incompatibles, & d'une trop grande étendue, & la police qui n'a d'autre objet que le service du prince & l'ordre public, tenant plus des fonctions du gouvernement que de celles du barreau & de la jurisdiction contentieuse, Louis XIV. jugea à propos de créer par un édit du mois de Mars 1667. un officier appellé *Lieutenant-général de police* ; & sa Majesté pourvut par le même édit à la sûreté publique par l'établissement des lanternes, par le redoublement du guet & de la garde, par un réglement sur le port d'armes & contre les gens sans aveu, & par plusieurs autres sages ordonnances dont l'exécution fut confiée, sous la même

autorité, à M. de la Reynie premier Lieutenant-général de pòlice. Toutes les fonctions & les droits de cette charge font
détaillés & réglés dans l'édit de création,
& dans l'arrêt d'enrégiftrement qui eft du
même mois.

*Lieutenants - généraux de police , depuis
l'édit de création.*

M. de la Reynie.
M. d'Argenfon.
M. de Machaud.
M. le comte d'Argenfon.
M. de Baudry.
M. d'Ombreval.
M. Herault.
M. de Marville.
M. Berrier, *aujourd'hui miniftre & fécre-
taire d'état , ayant le département de la
marine.*

Monfieur Bertin, maître des requêtes,
ancien intendant de la généralité du Rouffillon, & de celle de Lyón ; aujourd'hui
lieutenant - général de police , *rue neuve
faint Auguftin.*
Audience publique, mardi & famedi , depuis neuf heures jufqu'à midi.

Premiers Commis, & leurs districts.

M. Chaban,   *près les Capucines.*

M. Rossignol,   *rue Boutebrie.*
M. Paradis,   *cour des Miracles.*
Les ordres du roi.

M. Huard,   *rue Montmartre.*
   Chambres & hôtels garnis : illumination
& nettoyement des rues.

M. Laurent,   *rue & vis-à-vis S. honoré.*
   Le renvoi des placets & mémoires pour
information : la librairie, l'impression, les
colporteurs, les afficheurs, les spectacles,
les foires, les bureaux des nourrices, l'u-
sage du gras pendant le carême, & les per-
missions qu'on accorde à cet égard aux traiteurs : les billets pour les hôpitaux, tant
pour les malades de maladie venerienne,
que pour les pauvres.

M. Puissant,   *rue de Richelieu.*
   Toutes les affaires concernant l'approvi-
sionnement de Paris.

M Imbert,   *rue neuve des petits champs.*
Le militaire, & tout ce qui le concerne.

M. la Roche,   *rue & au caffé de Condé.*
Les prisonniers de police.

M. Duval pere,
M. Duval fils,   *petite rue S. Louis.*
La baitille & tout ce qui la concerne.

M. Mesnard.   *rue feydeau.*
M. Guillemain,   *idem.*
   Les manufactures : le bureau du commerce : saufconduits : affaires contentieuses : re-
ligionnaires : étoffes prohibées : la bourse :
la chambre syndicale de la librairie pour
les visites & les saisies : la taxe des mémoires des officiers & les dépenses secretes.

M. Dupré,   *rue neuve des petits champs.*
Les corps & communautés des arts &

métiers , & tout ce qui concerne leurs priviléges , leurs affaires contentieuses au châtelet , leur capitation , &c.

M. Damcourt ,   *rue de la haute Vannerie.*
M. Cayon ,   *rue Percée.*
M. Monbine ,   *rue Plâtriere.*
M. Pigache ,   *dans l'ancien Cerf.*
M. Gallois ,   *rue neuve saint Roch.*

Nous avons observé , en parlant de la
de la ville en 20 quartiers, qu'il y a dans
chacun des officiers commis & préposés à
certaines fonctions, & principalement à y
maintenir la police : ces officiers, au nombre
de 48. font des commissaires au châtelet,
qui ont en cette qualité M. le lieutenant-
général de police pour chef : il y a aussi un
inspecteur de police dans chaque quartier.

ADMINISTATION ET POLICE.

Nous entendons ici par le terme d'*administration*, le gouvernement municipal ,
ou l'administration des affaires & des finances de la ville : cette administration appartient au prevôt des marchands & échevins,
de même que le droit de police & de jurisdiction sur les ports & les quais, & sur
toutes les marchandises qui font conduites
à Paris par la riviere : le droit de mettre

& de taxer le prix defdites marchandifes avant qu'elles fe débitent dans les ports, &c.

La multitude des affaires de cette grande ville, & le commerce immenfe qui s'y fait, produifoient autrefois de fréquentes difficultés entre les officiers du châtelet, & les prevôt des marchands & échevins de la ville. Louis XIV. pour écarter les inconvéniens que caufent les conflits de jurifdiction, toujours contraires au bien de la juftice, à l'ordre public & à la dignité des magiftrats, qui font obligés d'y prendre part, regla par un édit du mois de juin de 1700. la jurifdiction du lieutenant-général de police & celle des prévôt des marchands & échevins de la ville.

Le prevôt des marchands eft un magiftrat établi à la tête du corps de ville, & d'une jurifdiction qui en fait partie. Cette jurifdiction, qui releve du parlement, s'étend fur tout ce qui concerne l'approvifionnement de Paris venant par eau, fur lequel elle a la même infpection que la *police* a fur les approvifionnemens venans par terre. La navigation, & tout le commerce qui fe fait fur la Seine, depuis fa fource jufqu'à fon embouchure, & fur toutes les rivieres y affluentes : la conftruction & l'entretien des ponts, ports, quais, fontaines, égoûts & de tous les autres édifices publics d'utilité & d'embellissemens. Les fêtes & réjouissances publiques ; les rentes & tontines, & l'administration générale des revenus de la ville, appartiennent, comme nous l'avons déja observé, à cette jurisdiction, qui est composée du prévôt des marchands, de quatre échevins, du procureur du Roi & de la ville, du receveur de la ville, & du greffier.

Prévôts des marchands de Paris depuis le regne de saint Louis.

Regne de saint Louis.	JEan Augier nommé prévôt des marchands par le Roi S. Louis en 1268.

Philippe III.	Guillaume Pisdoé.	76
	Guillaume Bourdon.	80

Philippe IV.	Jean Arrodé.	89
	Jean Popin.	89
	Guillaume Bourdon remis.	96
	Estienne Barbette.	98

Guillaume Pifdoé re-
mis..   1304

Louis X.   Eftienne Barbette *re-*
          mis.   1314

Philippe V.   Jean Gentien.   21

Le Roi Jean.   Eftienne Marcel.   55
            Jean Culdoé.   55
            Jean Defmarets.   59

Charles V..   Jean Fleuri.   71
            Audouyn Chauveron.   80

Charles VI.   Jean de Folleville.   88
            Jean Juvenal des Urfins.
            Charles Culdoé.   1404
            Pierre Gentien.   11
            André Defpernon.   11
            Guillaume Ciriaffe.   13
            Pierre Gentien *remis.*   13
            Philippe de Brébant.   15
            Guillaume Ciriaffe *remis.* 17

C v.

	Noël Prevot.	1418
	Hugues le Coq.	19
	Guillaume Sanguin.	20
	Hugues Rapioult.	21

Charles VII. Michel Luillier.   36

   >> La même année 1436. la ville de
>> Paris se soumit à l'obéissance du Roi
>> Charles VII.

	Pierre des Landes.	38
	Jean Baillet.	44
	Jean Burreau.	50
	Dreux Budé.	52
	Jean de Nanterre.	56
	Henri de Livres.	60

Louis X. Michel de la Grange. 66
                Nicolas de Louviers. 68
                Denys Hesselin. 70
                Guillaume le Comte. 74
                Henri de Livres *remis*. 76

Charles VIII. Guillaume de la Haye. 84
                Jean du Drac. 86
                Pierre Poignant. 90
                Jacques Piédefer. 90

Nicole Viole.   1494
Jean de Montmiral.   96

Louis XII.	Jacques Piédefer *re-mis.*	98
	Nicolas Potier.	1500
	Germain de Marle.	2
	Eustache Luillier.	6
	Dreux Raguier.	6
	Pierre le Gendre.	8
	Robert Turquant.	
	Roger Barme.	12
	Jean Boulart.	14

François I.	Pierre Clutin.	16
	Pierre Lescot.	18
	Antoine le Viste.	20
	Guillaume Budé.	22
	Jean Morin.	24
	Germain de Marle.	26
	Gaillard Spifame.	28
	Jean Luillier.	30
	Pierre Violle.	32
	Jean Fronçon.	34
	Augustin de Thou.	38
	Etienne de Montmiral.	40
	André Guillard.	42
	Jean Morin.	44
	Louis Gayant.	46

Henri I I.	Claude Guyot.	1548
	Chriftophe de Thou.	52
	Nicole de Livres.	54
	Nicolas Perrot.	56
	Martin de Bragelonne.	58

François I I. & Charles I X.	Guillaume de Marle.	60
	Guillaume Guyot.	64
	Nicolas le Gendre.	66
	Claude Marcel.	70
	Jean le Charron.	72

Henri I I I.	Nicolas Luillier.	76
	Claude Daubray.	78
	Augufte de Thou.	80
	Etienne de Neully.	82
	Nicolas Hector de Pé- reufe.	86

» Le 12 Mai 1588. le prévôt des mar-
» chands dépoffedé par la faction des feize,
» & mis à la baftille.

| Henri I V. | Charles Boucher. | 90 |
| | Jean Luillier. | 92 |

	Martin Langlois.	1594
	Jacques Danes.	98
	Antoine Guyot.	1600
	Martin de Bragelon-	
	gne.	2
	François Mirou.	4
	Jacques Sanguin de	
	Livry.	6

Louis XIII.	Gaston de Grieu.	12
	Robert Miron.	14
	Antoine Bouchet de	
	Bouville.	16
	Henri de Mesmes.	18
	Nicolas de Bailleul.	22
	Christophe Sanguin de	
	Livry.	28
	Michel Maureau.	32
	Oudart le Feron.	38
	Christophe Perrot.	41
	Molé le Boulanger.	41

Louis XIV.	Jean Scarron.	44
	Hierôme le Féron.	46
	Antoine le Febvre.	50
	Alexandre de Seve.	54
	Daniel Voisin de Seri-	
	zay.	62

	Claude le Peletier.	1668
	Auguste Robert de Pommereu.	76
	Henri de Fourcy.	84
	Claude Bose d'Ivry.	92
	Charles Boucher d'Orsay.	1703
	Jérôme Bignon.	8

Louis XV. heureusement regnant.	Charles Trudaine.	16
	Pierre-Antoine de Chateauneuf.	20
	Nicolas Lambert.	25
	Michel - Etienne Turgot.	25
	Felix Aubery Marquis de Vastan.	40
	Louis - Basile de Bernage.	1743

Monsieur DE PONTCARRÉ DE VIARMES, conseiller d'état, nommé prevôt des marchands le 16. août 1758. *rue de Varenne.*

Audience tous les jours, quand M. le prevôt des marchands est chez lui.

M. Brallet, conseiller de ville, élu échevin le 16. août 1757.

M. Vernay, élu échevin, le 16. août 1757.

M. Boutray, élu échevin le 16. août 1758.

M. André , avocat au conseil, élu échevin
le 16. août 1758.

M. Moriau, procureur & avocat du roi &
de la ville.

M. Taitbout, greffier en chef.

M. Boucot, receveur de la ville.

—————

M. Pain, avocat au parlément, sécretaire
de la prévôté des marchands & de la ville,
rue du Bacq.

M. le prevôt des marchands eſt chargé,
comme commiſſaire du conſeil, de tout ce
qui concerne l'impoſition de la capitation
ſur les bourgeois & habitans de Paris , &
celle du vingtiéme.

M. de Montjardet, ſecrétaire , chargé de
ces deux parties ,   *rue du Bacq.*

—————

La compagnie des chevaliers de l'arba-
lêtre & de l'arquebuſe de Paris.

Cette compagnie eſt réputée preſqu'auſſi
ancienne que la monarchie : l'on en voit des
veſtiges ſous Louis le Gros, en 1108. &
ſous le roi Philippe-Auguſte , en 1180.
S. Louis en fit en 1245. une compagnie ré-

guliére, fixée à 200. hommes en 1559;
elle a été approuvée & confirmée par les
rois ses successeurs.

Le roi, souverain, chef & fondateur.

Le gouverneur de Paris, protecteur.

Les prevôt des marchands & échevins,
bienfaiteurs.

Elle a un colonel, un lieutenant-colonel,
un capitaine commandant, un capitaine
en second, un premier aide-major, un
premier lieutenant, un enseigne, un second lieutenant, un guidon, un aumônier,
un chirurgien & un tréforier.

---

*Troupes résidentes dans Paris, établies,
    tant pour la sûreté des habitans, que pour
    les cérémonies ou autre service.*

La compagnie de la connétablie, gendarmerie, maréchauffée de France, camps &
armées du Roi. *Voyez plus bas, après le
tribunal des maréchaux de France.*

La compagnie du prévôt général de la
maréchauffée de l'isle de France, établie
dans la banlieue de Paris. Elle est sous les
ordres du ministre, ayant le département
de Paris.

La compagnie de la prévôté générale des monnoies & maréchauſſées de France.

La compagnie du lieutenant-criminel de robe-courte.

La compagnie du guet à pied.
La compagnie du guet à cheval.

La compagnie des arbalêtriers de la ville.
La compagnie des archers de la ville.
La compagnie des arquebuſiers de la ville.

Ces trois compagnies, ſous le même commandant, forment un corps de 300. hommes avec un état major.

La compagnie des gardes de nuit, pour la garde & la police des ports, chantiers, boulevards & remparts : elle eſt aux ordres de la ville, & ſous le commandement de M. de Roquemont chevalier de S. Louis, commandant du guet.

ADMINISTRATION GENERALE

DES FINANCES DU ROI

ET DE L'ETAT.

LEs finances du roi étoient autrefois administrées par un fur-intendant des finances, qui avoit le privilége de n'être point comptable. Louis XIV. fupprima la fur-intendance, par édit du 15 feptembre 1661, & en attribua toutes les fonctions au controlleur-général des finances, qui eft le chef actuel de cette partie. Il eft aidé par fix intendans de finances, qui ont chacun leur département fixé. Les détails journaliers concernant les finances font partagés entre plufieurs premiers commis qui ont des bureaux, à chacun defquels il y a un chef de bureau.

Monfieur DE BOULOGNE, controlleur-général des finances.

Audiance publique le jeudi, *à l'hôtel du controlleur-général des finances.*

PREMIERS COMMIS.

M. Clautrier,   *à Versailles,*
            & à Paris, rue Paradis.
Les arrêts pour les commissions extraordinaires du conseil.

——————

M. Boudrey,   *à Versailles,*
            & à Paris, rue du grand-chantier.
Le bureau des dépêches : le renvoi aux
intendans des finances & autres de toutes
les lettres, mémoires & requêtes : les mémoires pour le roi : l'instruction & la suite
des affaires qui n'ont point de département fixe : les rentes sur la ville & autres :
les états du roi desdites rentes & ceux des
gabelles.

——————

M. de Villiers p. ⎱
M. de Villiers f. ⎰ *à Versailles,*
            & à Paris, rue des Juifs
Les affaires contentieuses du conseil :
le dépôt des papiers de la compagnie des
Indes : la vérification des états au vrai des
fermes générales, des petites gabelles, des
dépenses pour le roi, & des immeubles qui
passent d'un bail à l'autre : l'imprimerie
royale & ce qui concerne le cahier du tem-
porel du clergé.

M. Barbey,   *à Versailles,*
                        & à Paris , rue des Juifs.
La signature de tous les arrêts, édits &
déclarations du roi : l'expédition des arrêts
en commandement, concernant les parties
casuelles, la police, le commerce & les
monnoies : des édits, déclarations & lettres-
patentes , & le dépôt des minutes desdits
édits & déclarations : la rédaction des arrêts
portant subrogation des fermiers généraux
& de Messieurs les maîtres des requêtes :
la signature de tous les états au vrai du
roi, & rolles passant au conseil royal des
finances : les ordonnances pour la capitation
de la cour & de Paris.

M. Philippes,   *place Vendôme.*

M. Tannevot,   *rue Plâtrière.*
L'éxamen des projets : les affaires particuliéres , &c.

CONSEILS DE FINANCES.

Les affaires des finances, des domaines, & des droits de la couronne, sont traitées dans un conseil, appellé le conseil des finances, tenu par le roi, M. le chancelier, un chef du conseil, qui est d'épée, M le controlleur-général, Messieurs les intendans des finances, conseillers d'état & maîtres des requêtes : les maîtres des requêtes y assistent debout. Les différends qui arrivent entre les fermiers ou traitans, & les autres particuliers au sujet de ces affaires, y sont jugés conformément au réglement du 15, septembre 1661.

Il y a encore un conseil ordinaire des finances, où se traitent seulement les affaires qui regardent les finances du roi. Les arrêts qui s'y rendent, sont signés par un sécretaire du conseil.

Le conseil royal des finances, établi au mois de septembre 1681. est composé du chancelier de France, du controlleur général des finances & de trois conseillers d'état nommés par le roi, pour connoître des affaires les

plus importantes des finances, réservées
par le réglement de 1661.

TRESOR ROYAL.

LE trésor royal, qu'on appelloit l'épar-
gne sous François I. est le lieu où se portent tous les deniers qui, toutes les charges acquittées, reviennent au roi de toutes
les recettes générales, fermes, parties casuelles & tous autres deniers qui entrent
dans les coffres du roi. Il y a deux gardes
du trésor royal qui font le service alterna-
tivement & par années, pour payer les pensions, récompenses, gratifications, ou pour
faire des remboursemens, &c.

GARDES DU TRESOR ROYAL.

M. Micault d'Arvelay, *rue neuve des petits
champs.*
En exercice l'année 1759, & commis aux
exercices de M. Paris de Montmartel, des
années 1746, 1749, 1751 & 1755.

M. Le Clerc, premier commis du trésor
royal.

M. Duvergier, caiſſier du grand comptant.

M. Valange, caiſſier du petit comptant.

M. Savalette de Magnanville, *rue ſaint Honoré, près la place Vendôme.*

En éxercice l'année 1760.

M. Montaran, premier commis du tréſor royal, *rue Royale.*

M. Méat, caiſſier du grand comptant, *rue neuve des petits champs.*

M. La Rue, caiſſier du petit comptant, *rue Gaillon.*

Le tréſor royal eſt ouvert tous les jours indiſtinctement pour les recettes & dépenſes de l'état.

INTENDANS DES FINANCES.

Leurs premiers commis, & les parties dont chacun d'eux eſt chargé.

LEs charges d'intendans de finances donnent le titre de conſeiller d'état à ceux qui en ſont pourvus, avec rang & ſéance au conſeil, du jour de leur réception.

M Trudaine, conseiller d'état ordinair
& au conseil royal, intendant des finances
rue des vieilles Audriettes.

M. Trudaine de Montigny, en survivance
Audiance le matin, mercredi & samedi

PREMIERS COMMIS.

M. Passelaigue, *rue sainte croix de la Bré-*
connerie.
Les gabelles & les cinq grosses fermes
les états des gabelles : ceux des finances de
Provence.

———

M. de la Roche, *rue du Chaume.*
Les ponts & chaussées de France, & tou
ce qui y a rapport.

———

M. Bruyard, *rue saint François.*
Les affaires du commerce & les manufactures : la balance du commerce : les mines & miniéres.

———

M. Naudet, chez M. Trudaine.
Le renvoi des placets & mémoires.

Monsieur

Monfieur D'ORMESSON D'AMBOILE, confeiller d'état, intendant des finances, *Place
Royale.*

Audience le matin, le jeudi.

PREMIERS COMMIS.

M. de la Peyre, *rue du Parc-royal.*

Les tailles & le taillon : la capitation : les
États des finances des pays d'élection : ceux
de Franche-Comté, Bourgogne, Flandres,
Hainaut, Metz, Alzace : les poudres & les
falpêtres : les étapes, les vivres & le dixiéme de retenuë.

M. de Boiffy, *rue des Marais fauxbourg
faint Germain.*

Les états au vrai de l'extraordinaire des
guerres & des parties cafuelles.

M. Lefévre, *chez M. d'Ormeffon.*
Le renvoi des placets & mémoires.

D

Monsieur Barberie de Courteille, conseiller d'état, intendant des finances, *rue de l'Université.*
Audience le matin,   *le samedi.*

Premiers Commis.

M. Lorrain,   *rue Jacob.*
Les amortissemens, francs-fiefs, nouveaux acquêts & usages : les octrois : les ligues Suisses & dettes des communautés.

M. Heron,   *rue Taranne.*
Les états des finances de Toulouse & de Montpellier : le grand-conseil, les parlemens, la vente des offices des receveurs des octrois : les états du Roi des domaines, & toutes les affaires de direction & administration des domaines.

M. Mars,   *rue de Berry.*
Les affaires contentieuses concernant les domaines du Roi : la revente des domaines aliénés.

M. Gaudet, à l'hôtel de Clermont-Tonnerre, *quai des Miramionnes.*
La direction générale du vingtiéme, & celle des approvisionnemens du royaume pour la partie des grains.

M. Lartizien, *idem.*
La confection des états des prix des grains & denrées.

M. Hermant, *cul-de-sac d'Argenson.*
La direction générale du vingtiéme des offices & droits.

Monsieur CHAUVELIN, conseiller d'état, intendant des finances, *rue Porte foin.*
Audience le matin, *le jeudi.*

PREMIERS COMMIS.

M. Vincent, *vis-à-vis la rue de Fourcy, rue saint Antoine.*
Les droits de contrôle des actes, insinua-

D ij

tions, centiéme denier, petit-scel, contrôle des exploits, greffes, droits réservés, & formules, en ce qu'elle fait partie de la ferme du domaine.

M. Choderlos,   *rue Porte-foin.*
Les aides & droits y joints : la marque d'or & d'argent : la marque des fers : les chambres des comptes : les cours des aides : les bureaux des finances : les impôts & billots de Bretagne : les restes de la ferme du tabac.

Monsieur MOREAU DE BEAUMONT, conseiller d'état, intendant des finances, *rue Vivienne.*
Audience le matin,   *le jeudi.*

PREMIER COMMIS.

M. de la Pierre,   *rue des bons Enfans.*
Les eaux & forêts : les états des bois.

M. de Bourges ,   *chez M. de Beaumont.*
La ferme des postes : la ferme des droits rétablis : celle des huiles : les états des finances d'Artois.

Monſieur DE BOULOGNE , conſeiller d'état , intendant des finances , à l'hôtel du controlleur-général, *rue neuve des petits champs.*

Audience le matin,　　　*le vendredi.*

PREMIERS COMMIS.

M. Bonnemain.
Le contrôle du tréſor royal, & toutes les expéditions des finances.

MM. Des Champs, pere & fils.
Les enregiſtremens.

M. Pelzaire.
Le bureau de l'adminiſtration des hôpitaux & maiſons de charité de toutes les provinces du royaume.

M. Merlet, ſécretaire.
Les requêtes & arrêts.

Tous les bureaux de M. de Boulogne ſont *à l'hôtel du controlleur-général.*

DÉPARTEMENT DU COMMERCE.

LE commerce de l'intérieur du royaume, & de l'extérieur par terre est dans le département du contrôleur général des finances: il y a quatre intendans du commerce pour cette partie : ils sont du corps du conseil du Roi, jouissent des mêmes rangs, honneurs, prérogatives, priviléges, exemptions, droits de *committimus* au grand sceau, & franc-salé dont jouissent les maîtres des requêtes. Le bureau du commerce est composé de plusieurs conseillers d'état & des quatre intendans du commerce, qui y rapportent chacun ce qui concerne son département. Ce bureau se tient le Jeudi matin chez M. Feydeau de Brou, conseiller d'état ordinaire & au conseil royal, qui en est le président, *rue de l'Université.*

INTENDANS DU COMMERCE.

Monsieur BOULA DE QUINCY, maître des requêtes, & intendant du commerce, *rue neuve saint Fra çois.*

Audience le matin,   *tous les jours.*

PREMIER COMMIS.

M. Quenel,   *rue saint Anastase.*

Monsieur DE MONTARAN, maître des requêtes, & intendant du commerce, *rue du grand Chantier.*
Audience le matin à 9 heures,
L'après-midi   à 4 heures,   *tous les jours.*

PREMIER COMMIS.

M. Contet,   *chez* M. *de Montaran.*

Monsieur POTTIER, conseiller à la cour des aides, & intendant du commerce, *Cloître saint Merri.*
Audience le matin,   *tous les jours.*

PREMIER COMMIS.

M. Vivant de Mezague, *chez* M. *Pottier.*

Monsieur DE COTTE, maître des requêtes, & intendant du commerce, *aux galleries du Louvre.*

Audience le matin, *tous les jours.*

PREMIER COMMIS.

M. du Cerf, *rue saint Nicaise.*

SECRETAIRE DU COMMERCE.

Monsieur LE GRAND, *Cloître des Jacobins, rue saint Honoré.*

M. Mesplet, premier commis, *au bureau de M. le Grand.*

Il y a onze députés des principales villes & provinces du royaume pour le commerce, qui sont résidens dans Paris, & qui s'assemblent deux fois la semaine chez le sécretaire du commerce pour donner leur avis sur les affaires qui leur sont communiquées par les ministres ou par les intendans du commerce: ils ne donnent point leur avis sur des mémoires envoyés ou présentés par des particuliers. Les jours d'assemblée sont les mardi & vendredi, depuis dix heures jusqu'à une heure.

Les villes qui ont des députés à Paris pour le commerce, sont :

La ville de Paris,	M. le Couteulx de la Norraye.
La ville de Lyon,	M. Pernon.
La ville de Rouën,	M. Behic.
La ville de Marseille,	M. Simian.
La ville de Bordeaux,	M. Castaing.
La ville de Nantes,	M. de la Richardiere.
La ville de la Rochelle,	M.
La ville de S. Malo,	M. Marion.
La province du Languedoc,	les syndics des états alternativement.
La ville de Lille,	M. de Lecluse.
La ville de Bayonne,	M. du Livier.

Le commerce extérieur maritime est dans le département du sécretaire d'état de la marine.

****

Dépôts de titres, archives, comptes, affaires étrangéres & autres.

LE trésor des chartes de la couronne, à côté de la Sainte-Chapelle, au Palais, sous la garde de M. le procureur-général du parlement.

D. v.

Ce dépôt contient, par rapport à sa majesté, tous les titres, papiers & anciennes chartes de la couronne : personne ne peut y entrer, ni avoir aucune expédition des piéces & titres qui y sont conservés, sans un ordre du Roi, adressé à M. le procureur-général.

Le dépôt des archives des chevaliers des ordres du Roi, sous la garde de M. le marquis de Marigny, sécretaire, commandeur desdits ordres.

Ce dépôt est ouvert tous les jours le matin & l'après-midi : mais on n'y entre point, & on ne peut avoir communication d'aucun des titres qui y sont déposés, sans un ordre de M. le marquis de Marigny.

Ce dépôt est *aux grands Augustins.*

M. Perier sécretaire pour cette partie, *rue saint Thomas du Louvre.*

Le dépôt du controlleur – général des finances pour tout ce qui concerne cette partie ; les rôles, baux, & comptes de toute espéce : ce qui concerne les francs-fiefs, les recherches des faux nobles, &c. sous la garde

de M[rs] { Pierron doyen des substituts du procureur-général du parlement.
Cocquelay de Chaussepierre avocat au parlement.

Ce dépôt est. *au Louvre.*

Il n'eſt ouvert que les { vendredi & mardi depuis 9 heures juſqu'à 1 heure.

Le dépôt des affaires étrangéres ſous la garde de M. le Dran,   *au Louvre.*

Ce dépôt eſt ouvert tous les jours *le matin.*

Le dépôt des affaires de la guerre ſous la garde de M. de la Faye, *à l'hôtel des Invalides.*

Ce dépôt eſt ouvert tous les jours *le matin & l'après-midi.*

Le dépôt du département de la marine ſous la garde de M. Truguet premier commis de la marine,   *aux petits Peres.*

Ce dépôt eſt ouvert tous les jours *le matin & l'après-midi.*

Le dépôt du ſécretaire d'état ayant le département de la maiſon du Roi , ſous la garde de M. Charlier, *aux petits Percs.*

Ce dépôt eſt ouvert tous les jours , *le matin & l'après-midi.*

Le dépôt de M. le comte de S. Florentin ſous la garde de M. Duchêne, *aux grands Auguſtins.*

Ce dépôt est ouvert tous les jours, *le matin & l'après midi.*

Le dépôt des anciennes minutes du conseil d'état privé du Roi, sous la garde de M. Pujol, sécretaire greffier honoraire dudit conseil, *vieille rue du Temple.*

Il est ouvert tous les jours, *le matin.*

Le dépôt des lettres patentes, édits, déclarations, ordonnances & arrêts du conseil enregistrés au parlement, sous la garde du greffier en chef du parlement, *dans les tours du Palais.*

Ce dépôt est ouvert tous les jours, *le matin & l'après-midi.*

Le dépôt des comptes du trésor royal, & autres de l'ordinaire & de l'extraordinaire des guerres, sous la garde du greffier en chef de la chambre des comptes.

Ce dépôt est ouvert tous les jours.

Les minutes des arrêts qui se rendent dans différentes jurisdictions, concernant les domaines ou autres droits de sa majesté, restent dans les greffes de chaque tribunal ou jurisdiction.

Le dépôt des archives du clergé sous la

garde de M. de Bauvais , *aux grands Augustins.*

Ce dépôt est ouvert tous les jours.

* * * * * * * * * * * * * * * * * *

GOUVERNEMENT.

AVant de parler du gouvernement militaire de la ville de Paris , nous croyons devoir dire un mot de la garde du Roi ; parce que quelques unes des troupes qui la composent , ont leur quartier ordinaire dans cette ville. Nous marquerons seulement le nom de ces troupes , & on pourra voir tout ce qui les concerne dans *l'etat militaire de la France.*

La garde du Roi , du dedans du Louvre , est composée des quatre compagnies des gardes du corps : de la compagnie des cent Suisses : de la compagnie des gardes de la porte ordinaires : de la compagnie des gardes de la prévoté de l'hôtel du Roi , ou hoquetons ordinaires de sa Majesté.

La garde du Roi , du dehors du Louvre , est composée de la compagnie des gendarmes de la garde : de la compagnie des chevaux-legers de la garde : de la premiére compagnie des mousquetaires du Roi : de la seconde compagnie des mousquetaires du Roi : du regiment des gardes

Françoifes , & du regiment des gardes Suiffes.

La premiére compagnie des moufquetaires du Roi, appellés les moufquetaires gris , a fon quartier ordinaire à l'hôtel des moufquetaires , fauxbourg S. Germain , *rue du Bacq.*

La feconde compagnie des moufquetaires du Roi, appellés les moufquetaires noirs , a fon quartier ordinaire à l'hôtel des moufquetaires , fauxbourg S. Antoine , *rue Charanton.*

Le régiment des gardes Françoifes & le régiment des gardes Suiffes ont leur quartier ordinaire dans la ville , les fauxbourgs , & aux environs de Paris.

GOUVERNEMENT MILITAIRE.

LE gonvernement de la ville , prévôté, & vicomté de Paris comprenoit autrefois le gouvernement de l'Ifle de France : ils ont été défunis & réunis plufieurs fois : ils font féparés aujourd'hui. Le Roi Louis XIII. regla en 1641. que le gouverneur de Paris marcheroit au *Te Deum* après le premier préfident du parlement.

Les chartes & ancien titres ne font aucune mention de gouverneurs de Paris avant le regne de Philippe de Valois, attendu qu'avant ce temps le gouvernement, la justice & la police de cette ville capitale étoient réunis à l'office de prévôt de Paris. Ce gouvernement a été toujours donné à gens de la plus haute naiſſance.

GOUVERNEURS DE PARIS.

Depuis le regne de Philippe de Valois.

Regne de Philippe de Valois.	Jean ou Renaud de Gouillons gouverneur de Paris. 1345.

Le Roi Jean & Charles V.	Hugues Aubriot, prévôt de Paris & capitaine de cette ville & de ſa vicomté. 56.
	Charles le Mauvais roi de Navarre s'empara du gouvernement de Paris en 58.
	Thibaut de Chantemeſle établi à la garde de la ville de Paris ſous le roi Jean.
	Jean Maillard capi-

taine établi pour la garde de la ville de Paris sous Charles V. en   1373

Charles VI.

Maurice Trezigvidi capitaine au gouvernement de la ville de Paris.   80

Richard sire de Courcy, capitaine au gouvernement de la ville de Paris en   1404

Jean de France duc de Berry, frere du roi Charles VI. gouverneur de Paris en   05

Waleran de Luxembourg, connétable de France, établi à la garde de Paris par les factions de la maison de Bourgogne en   11

Pierre Gentien, prévôt des marchands, établi à la garde de Paris en   13

Hélion de Jacqueville, capitaine au gouvernement de Paris en   13

Le duc de Berry rétabli en   13

Louis de Loigny, ma-

réchal de France, établi à
la garde de Paris, en   1413

Robert de la Heuze,
prévôt de Paris, établi
à la garde de Paris, en   13

Louis d'Anjou II. du
nom, roi de Naples &
de Sicile, d'Arragon &c.
gouverneur de Paris
pour le duc de Bour-
gogne en   14

Jean sire de Büeil,
chambellan du roi de
Naples, établi lieute-
nant de ce Prince au
gouvernement de Paris
en   14

Tanneguy du Chaf-
tel, maréchal de Guyen-
ne, prévôt & gouver-
neur de Paris.   15

Bertrand de Montau-
ban aſſocié à du Chaſtel
en ce gouvernement,
ſuivant le P. Felibien.

Charles de France,
comte de Ponthieu,
gouverneur de Paris en   16
Il fut depuis roi de
France, ſous le nom
de Charles VII.

Jean duc de Bour-
gogne prit le gouver-
nement de Paris en   1418

Ce Prince fut tué à
Montereau - faut - Yon-
ne.

Charles de Lens, dit
de Recourt, amiral de
France, établi lieute-
nant du duc de Bour-
gogne au gouverne-
ment de Paris en   18

Philippes de Bour-
gogne, comte de faint
Paul, puis duc de Bra-
bant, établi capitaine &
lieutenant - général au
gouvernement de Paris
en l'abfence du duc de
Bourgogne.   19

Thomas duc de Cla-
rence fils d'Henri .IV.
roi d'Angleterre, gou-
verneur de Paris.   20

Thomas duc d'Exef-
tre, oncle du roi d'An-
gleterre & chancelier
de ce royaume, capi-
taine au gouvernement
de Paris.   20

Jean de la Baume,
comte de Montrevel,
maréchal de France,
garde de la prévôté de
Paris, & gouverneur de
cette ville en   1420

Charles VII.   Jean duc de Bedfort,
régent du royaume
de France, capitaine au
gouvernement de Paris
en   22
Jean de Courcelles
lieutenant du duc de
Bedfort au gouverne-
ment de Paris   23
Philippe le Bon, duc
de Bourgogne, gouver-
neur de Paris en l'ab-
sence du duc de Bed-
fort, en   29
Jean de Villiers de
l'Isle-Adam, maréchal
de France, gouverneur
de Paris en l'absence
des ducs de Bourgogne
& de Bedfort   31
Charles d'Anjou, troi-
siéme fils de Louis II.
roi de Naples, gouver-
neur de Paris en   35

Les Anglois chaſſés,
& la ville de Paris ſou-
miſe à l'obéiſſance de
Charles VII. en   1436

Philippe de Ternant
prévôt de Paris, & gou-
verneur de cette ville
en   37

Charles de Culant,
grand-maître de Fran-
ce, gouverneur de Pa-
ris en   50

Louis XI.

Jacques de Villiers
de l'Iſle-Adam, prévôt
de Paris, chargé du
gouvernement de cette
ville, en attendant l'ar-
rivée du roi Louis XI.
en   61

Bertrand de Beau-
veau, premier préſi-
dent de la chambre
des comptes de Pa-
ris, & Charles de Me-
lun, grand-maître de
France, gouverneurs
conjointement de la
ville de Paris en l'ab-
ſence du roi.   62

Charles d'Artois,
comte d'Eu , pair de
France , lieutenant-gé-
néral de Paris & de
l'Isle de France en   1465

Joachim Rouhaut de
Gamaches, maréchal de
France, gouverneur de
Paris en   65

André comte de La-
val , maréchal & ami-
ral de France , lieute-
nant-général au gou-
vernement de Paris.   65

Jean de la Baume ,
II. du nom , comte de
Montrevel , capitaine
de la ville de Paris.   67

Louis de Laval gou-
verneur de Paris.   70

Antoine de Chaban-
nes , grand-maître &
grand - pannetier de
France , gouverneur de
Paris en   72

Charles de Gaucourt
chambellan du roi, &
son lieutenant-général
au gouvernement de
Paris en   72

Jean Alardel Evêque
de Marseille, lieutenant

au gouvernement de
Paris en   1481

Jean Chauvin, lieute-
nant-général au gouver-
nement de Paris en   82.

*Le gouvernement de la ville de Paris
joint à celui de l'Isle de France jusqu'en 1528.*

———————

Charles VIII.   Louis duc d'Orléans
& Louis XII.   gouverneur de Paris &
de l'Isle de France, &c.
en   1485

Ce Prince devint roi
de France sous le nom
de Louis XII.

Gilbert de Bourbon
comte de Montpensier,
gouverneur de Paris,
Isle de France, &c. en   93

Charles d'Amboise
gouverneur de Paris,
Isle de France & Brie.   95

Guillaume Poitiers
gouverneur de Paris &
Isle de France en   96

André d'Espinay, car-
dinal, archevêque de

Bourdeaux, gouverneur
de Paris.

Louis de Joyeuſe,
lieutenant - général au
gouvernement de Paris,
Iſle de France, &c.

---

rançois I. Charles de Bourbon,
duc de Vendôme,
gouverneur de Paris,
Iſle de France, &c. en 1514
Jacques d'Inteville,
lieutenant - général au
gouvernement de Paris
en l'abſence du duc de
Vendôme. 16
François de Bourbon,
comte de ſaint Paul,
gouverneur de Paris,
Iſle de France, &c. 18
Pierre Filholi, arche-
vêque d'Aix, lieutenant-
général au gouverne-
ment de Paris en l'ab-
ſence du comte de
ſaint Paul. 22
Michel - Antoine de
Saluces, gouverneur de
Paris & de l'Iſle de
France en 26

Jean de la Barre, comte d'Etampes, prévôt de Paris, gouverneur de cette ville. 152

Antoine de la Rochefoucault de Barbezieux, gouverneur de Paris en 32 & de l'Ifle de France en 33

Jean Sanguin frere du cardinal de Meudon, lieutenant - général au gouvernement de Paris en 34

Jean cardinal du Bellay, lieutenant-général au gouvernement de Paris & de l'Ifle de France. 36

François de Montmorency gouverneur de Paris & de l'Ifle de France en 38

Antoine Sanguin seigneur de Meudon, cardinal & archevéque de Touloufe, grand aumônier de France, lieutenant-général au gouvernement de Paris en 44

Gafpard

Henri I I.	Gaspard comte de Coligny, colonel général de l'infanterie, gouverneur de Paris & de l'Isle de France en	1551
	Charles Cardinal de Bourbon , Archevêque de, Rouen lieutenant-général de Paris & de l'Isle de France.	51
	Claude de Laval, lieutenant - général au gouvernement de Paris, & Archevêque d'Embrun.	
	François duc de Montmorenci , pair , grand·maître & maréchal de France, gouverneur de Paris & de l'Isle de France en	56
	Charles de Bourbon prince de la Roche-sur-Y on, gouverneur de Paris & de l'Isle de France.	61
François I I.	Paul de la Barthe , maréchal de France,	

E

lieutenant - général au gouvernement de Paris.

Charles I X.   Charles de Coſſé de Briſſac, lieutenant-général de la ville de Paris.   1561

Charles de Montmorenci, lieutenant - général de Paris & de l'Iſle de France.   61

Artus de Coſſé, lieutenant - général au gouvernement de Paris.   62

Chriſtophe Juvenal des Urſins, lieutenant-général au gouvernement de Paris.   62

Jean Bloſſet de Torcy, lieutenant-général de Paris & de l'Iſle de France.   72

Henri III.   René de Villequier, gouverneur de Paris & de l'Iſle de France.   79

Triſtan de Roſtaing, lieutenant - général de Paris & de l'Iſle de France.   84

Artus de la Fontaine, lieutenant - général de Paris & de l'Isle de France. 1582

François d'O , gouverneur & lieutenant-général. 86

Charles de Lorraine, duc d'Aumale , gouverneur de Paris par la ligue. 88

François de Roncherolles, lieutenant-général de Paris & de l'Isle de France par la ligue. 89

Jean de Montluc de Balagny , gouverneur de Paris pour la ligue. 89

———

Henri I V.

Chrétien de Savigny, lieutenant - général au gouvernement de Paris & l'Isle de France pour la ligue. 89

Charles - Emmanuel de Savoye, gouverneur de Paris pour la ligue. 90

Jean - François de Vaudoas Serillac d'Aver-

E ij

ton , gouverneur de Paris pour la ligue.   1594

Charles comte de Coffé , gouverneur de Paris pour la ligue.   94

Il remit cette ville à Henri IV. le 22. Mars de la même année , & fa fidélité lui valut le bâton de maréchal de France.

Le gouvernement de l'Ifle de France fut féparé de celui de la ville de Paris : ils font demeurés défunis & diftincts jufqu'à préfent.

Henri IV. Roi de France & de Navarre retint le gouvernement de la ville de Paris en   1594

Antoine d'Eftrées , gouverneur de l'Ifle de France , & lieutenant-général au gouvernement de la ville de Paris.   94

François de Bourbon prince de Conti , lieutenant-général.   95

François de la Grange , lieutenant-général

au gouvernement de la
ville de Paris.   1600

Charles du Pleſſis de
Liancourt, gouverneur
de Paris en   10

Louis XIII.   Hercule de Rohan,
duc de Montbazon,
gouverneur de Paris.   20

Louis de Bourbon,
comte de Soiſſons, eut
le commandement de
Paris en l'abſence du
roi.   26

Gaſton J. B. de Fran-
ce, duc d'Orléans, eut l e
commandement de Pa-
ris en l'abſence du roi
ſon frere en   30

Jean Armand du Pleſ-
ſis cardinal, duc de
Richelieu, eut le com-
mandement dans Paris
en l'abſence du roi en   36

Timoléon d'Eſpinay,
lieutenant - général de
Paris en l'abſence du
roi & du duc de Mont-
bazon.   36

Anne d'Autriche épou-

E iij

se du roi Louis XIII.
établie gouvernante de
Paris.   1636

Henri de Bourbon,
prince de Condé, lieute-
nant-général de Paris.   42

———

Louis XIV.

François de l'Hôpi-
tal, gouverneur de Pa-
ris en   48

François de Vendô-
me, duc de Beaufort,
gouverneur de Paris.   52

Ambroise de Bour-
nonville, gouverneur
& lieutenant-général de
la ville de Paris.   57

Armand de Bourbon,
prince de Conti, établi
pour représenter la per-
sonne du roi à Paris,
pendant le voyage de
sa majesté à Lyon.   58

Antoine duc d'Au-
mont, gouverneur de
Paris en   62

Gabriel de Roche-
chouart, gouverneur
& lieutenant-général de
Paris.   69

Charles duc de Crequi , gouverneur & lieutenant - général de la ville de Paris en   1676

Leon Pottier duc de Gêvres, gouverneur & lieutenant - général de la ville de Paris en   87

Bernard Pottier duc de Tresmes , gouverneur & lieutenant-général de la ville de Paris en   1704

———————

Louis XV. heureusement regnant.

François - Joachim-Bernard Pottier duc de Gêvres, gouverneur de Paris.   22

Monsieur LE DUC DE CHEVREUSE, lieutenant-général des armées du roi , colonel - général des dragons , gouverneur & lieutenant-général pour le roi, de la ville , prévôté & vicomté de Paris , nommé au mois de Septembre.   1757

M. de Montreuil fécretaire du gouvernement.

La compagnie des gardes de M. le duc de Chevreufe , comme gouverneur de Paris , eft compofée de 100. hommes & 12. officiers.

Louis XIV. créa par édit du mois de Février 1692. l'office de lieutenant-général du roi au gouvernement de la ville , prévôté & vicomté de Paris. Ceux qui en ont été pourvus, font :

Jean - Baptifte le Ragois de Brétonvilliers en   1692

Bénigne le Ragois de Brétonvilliers , *neveu du premier.*   1712

M. Rouffeau de Chamoy , lieutenant-général du roi au gouvernement de la ville , prévôté & vicomté de Paris, a été nommé en   1746

GOUVERNEMENS MILITAIRES
PARTICULIERS.

LE gouvernement de l'hôtel royal des Invalides, bâti & fondé par Louis XIV. en 1674.

L'hôtel de l'Ecole royale militaire, établie par édit du roi, du mois de Janvier 1751.

Le gouvernement du château royal de la Bastille, rebâti sous le regne de Charles V. en 1371. & dont les fortifications commencées en 1553. ne furent achevées qu'en 1559.

Le gouvernement du château royal de Vincennes, dont la premiere fondation est attribuée au roi Philippe Auguste, qui en 1183. fit enfermer le bois de Vincennes de murailles : rebâti tel qu'on le voit aujourd'hui par le roi Louis XIII. & achevé au commencement du regne de Louis XIV.

Nous avons placé ici ce gouvernement à cause de sa proximité de Paris. Il est joint à cette ville par une belle avenuë à quatre rangs d'ormes, qu'on dit avoir été plantés par le cardinal Mazarin.

E v

GOUVERNEMENS DE MAISONS ROYALES.

Le palais du Louvre.
Le palais des Tuilleries.
Le palais du Luxembourg.

Le gouvernement de la Samaritaine.

HOTELS ET BATIMENS ROYAUX.

L'hôtel du chancelier de France, *Place Vendôme.*

L'hôtel du controlleur général, *rue neuve des petits champs.*

Le palais de Bourbon, *rue de l'Université* *Il est destiné aux Ambassadeurs extraordinaires.*

Le garde - meuble de la couronne, *quai de Conti.*

Le bâtiment de la Bibliothéque, *rue de Richelieu.*

Le bâtiment du jardin du Roi, *rue saint Victor.*

L'hôtel royal des Gobelins, *fauxbourg Saint Marceau.*

Le Bâtiment de l'Observatoire, *fauxbourg saint Jacques.*

Ce bâtiment fut elevé par LOUIS XIV. *pour les observations astronomiques.*

Le bâtiment de l'Arsenal, *près la Bastille.*

Il dépendoit du grand maître de l'artillerie de France avant la suppression de cette charge en 1755.

L'hôtel des mousquetaires gris, *rue du Bacq.*

L'hôtel des mousquetaires noirs, *rue Charenton.*

JUSTICE.

LE devoir le plus glorieux de la souveraineté, le premier & le principal droit des Souverains, est de rendre la justice à leurs sujets. Mais les souverains ne pouvant point connoître par eux-mêmes des différends des particuliers, & décider toutes les contestations qui surviennent entre leurs sujets, ils ont été obligés de communiquer cette puissance à d'autres, pour l'exercer en leur nom & sous leur autorité. C'est là l'origine de cette émanation du pouvoir souverain, communiqué aux magistrats.

LE CHANCELIER DE FRANCE est le premier officier de la couronne, le surintendant de la justice, & le chef de tous les Conseils du Roi. Il est le premier président né du grand Conseil : il peut, quand il juge à propos, venir présider dans tous les parlemens & autres cours ; c'est pour cela que ses lettres sont présentées & enregistrées dans toutes les cours souveraines. Il est *la bouche du Roi*, & l'interprète de ses volontés. C'est lui qui les expose dans tou-

tes les occafions où il s'agit de l'adminiftration de la juftice. Lorfque le Roi vient
tenir fon lit de juftice au parlement , le
chancelier eft au-deffous de lui dans une
chaife à bras , couverte de l'extrémité du
tapis femé de fleurs de lis , qui eft aux
pieds de Sa Majefté : c'eft lui qui recueille
les fuffrages, & qui prononce : il ne peut
être récufé. Sa principale fonction eft de
veiller à tout ce qui concerne l'adminiftration de la juftice dans tout le royaume,
d'en rendre compte au Roi , de prévenir les
abus qui pourroient s'y introduire, de remédier à ceux qui auroient prévalu, de
donner les ordres convenables fur les plain-
tes qui lui font adreffées par les fujets du
Roi contre les juges & autres officiers de
juftice, & fur les mémoires des compagnies & de chaque officier en particulier,
par rapport à leurs fonctions , prééminen-
ces & droits.

C'eft encore une de fes fonctions de
dreffer, conformément aux intentions du
Roi, les nouvelles ordonnances, édits &
déclarations, & lettres-patentes qui ont
rapport à l'adminiftration de la juftice : c'eft
à lui que l'on s'adreffe pour obtenir l'agrément de tous les offices de judicature. La
foi & hommage des fiefs de dignité mou-
vans immédiatement du Roi à caufe de fa
couronne , peut être fait entre les mains

du chancelier, ou en la chambre des comptes. Tous les gouverneurs des places prêtent ferment entre fes mains.

MESSIRE GUILLAUME DE LAMOIGNON, chevalier, chancelier de France.

M. Borot, avocat au parlement, premier fécretaire.

Conſeil d'état-privé, à l'hôtel du chancelier, *le lundi.*

Ce conſeil eſt compofé de M. le chancelier, des conſeillers d'état & des maîtres de requétes pour juger les affaires entre particuliers, comme font les demandes en caſſation d'arrêts de cour fouveraine, les évocations à caufe de parenté & alliance, les réglemens de juges, & autres affaires femblables.

CHANCELLERIES.

IL y a en France deux fortes de chancelleries, la grande & la petite. La grande eſt celle qui fuit toujours Sa Majeſté, & où s'expédient les lettres fcellées du grand fceau en préfence du garde des fceaux qui y préfide, ou en préfence du Roi, lorfque Sa Majesté juge à propos de tenir les sceaux elle-même.

M. Langlois, premier commis du sceau, *rue de Louis le Grand.*

La petite chancellerie est celle qui est établie près le parlement de Paris, où s'expédient les lettres de moindre conséquence. C'est un maître des requêtes, chacun à son tour, pendant un mois qui y préside en l'absence du chancelier de France. Elle se tient au Palais, les mercredi & samedi.

JURISDICTIONS

ET TRIBUNAUX.

TRibunal signifie le siége où les juges rendent la justice : ce terme se dit aussi du corps des juges & de leur jurisdiction.

Le parlement de Paris, distingué des autres parlemens par plusieurs droits, honneurs & priviléges, non parce qu'il est établi dans la ville capitale du royaume, & parce qu'il est le plus ancien, mais parce qu'il est la cour des pairs, le lit de justice,

& le thrône de sa Majesté. On l'a toujours regardé comme un des plus célèbres tribunaux du monde. Des Rois & des Princes étrangers ont plusieurs fois soumis leurs différends à cette illustre compagnie : l'Empereur Frederic II. & le Pape Innocent IV. le Roi de Portugal, & le Roi de Castille : Charles de Valois, & le comte de Namur : le duc de Lorraine, & Guy de Châtillon : &c.

Suite chronologique des premiers présidents du Parlement de Paris.

ON trouve dans les regiſtres du parlement, Jean de Cherchemont & Philippe Cuigneres, qualifiés premiers préſidens en 1326 & 1336 ; mais c'eſt parce qu'ils étoient les plus anciens des préſidens. Nous ne parlerons ici que de ceux qui ont été décorés du titre de premier préſident par ordonnance de nos Rois.

Régne de Philippe de Valois.

Simon de Bucy nommé premier préſident du parlement par le roi Philippe de Valois, le 11 mars 1344.

Charles V.

Pierre Demeville, chevalier, premier préſident, le 2 d'août 1370.

Guillaume de Sens ou de Seris, le 17 juin 1371.

Pierre d'Orgemont, chevalier, premier préſident, le 12 novembre 1373, chancelier de France, le 20 des mêmes mois & an.

Arnaud de Corbie, chevalier, premier préſident, le 12 janvier 1374, chancelier de France en 1388.

Charles VI.

Guillaume de Sens, chevalier, premier préſident, en 1388.

Jean de Popaincour, 1399.

Henri le Corgne, dit de Marle, chevalier, premier préſidént, le 22 mai 1403, chancelier de France, le 8 août 1418.

Robert Mauger, chevalier, premier préſident, le 15 août 1413, deſtitué de cette charge le 16 août 1418.

Philippe de Morvilliers, chevalier, premier préſident, le 18 juillet 1418. Il fut chaſſé en 1436, pour avoir continué de préſider le parlement ſous l'autorité d'Henri VI. du nom, roi d'Angleterre.

Charles VII.

Jean de Vailly, chevavalier, premier préſident du parlement de Paris, transferé à Poitiers par Charles VII.

Adam de Cambray, chevalier, premier préſident avant & après ſon rétabliſſement à Paris, nommé en 1433.

Yves de Scepeaux, chevalier, premier préſident le 19 août 1457.

Louis XI.

Helie de Torrettes, chevalier, premier préſident, le 11 septembre 1461.

Matthieu de Nanterre, chevalier, premier préfident, le 26 [décembre 1461, deftitué le 18 décembre 1465, & établi premier préfident du parlement de Touloufe.

Jean Dauvet, chevalier, premier préfident, le 18 décembre 1465. Il avoit été procureur - général du parlement de Paris, premier préfident du parlement de Touloufe, & ambaffadeur pour charles VII. à Rome & au concile de Bafle.

Jean le Boulanger, chevalier, premier préfident le 8 Décembre 1471.

Jean de la Vacquerie, chevalier, premier préfident, en 1481.

Charles VIII.

Pierre de Cothardy, chevalier, premier préfident, le 28 juillet 1497.

Louis XII.	Jean de Ganay, chevalier, premier préſident, en 1505, chancelier de France, le 31 janvier 1507.
	Antoine Duprat, chevalier, premier préſident, le 8 février 1507, & chancelier de France ſous le roi François premier.
François premier.	Mandot de la Marthonie, chevalier, étoit premier préſident à Bordeaux, lorſque le Roi le créa premier préſident du parlement de Paris, le 3 février 1515. Il devint évêque de Meaux, archevêque de Sens, cardinal, & légat en France, de la part du Pape.
	Jacques Olivier, chevalier, premier préſident, le 29 mai 1517.
	Jean de Selve ou de Salva, chevalier, premier préſident, en 1520.

Pierre Lizet , chevalier,
premier préſident en 1529.
Il fut obligé de ſe démettre.

Henri II.

Jean Bertrand , chevalier , premier préſident
en 1550 , garde des ſceaux
en 1551. Il devint évêque
de Comminges , archevêque de Sens , puis cardinal.

Gilles le Maître , chevalier , premier préſident.
le 12 juin 1551.

Henri III.

Chriſtophe de Thou,
chevalier , premier préſident en 1582.

Achille de Harlay , chevalier , premier préſident
en 1582.

Louis XIII.

Nicolas de Verdun , chevalier , premier préſident
en 1616.

Jerôme de Hacqueville ,
chevalier , premier préſident en 1627.

Jean Bochard, chevalier premier préfident, au mois de novembre 1628.

Nicolas le Jay, chevalier, premier préfident en 1630.

Matthieu Molé, chevalier, pourvu de la charge de premier préfident le 19 novembre 1641, par le Roi Louis XIII. Louis XIV le fit garde des fceaux le 3 avril 1651.

Louis XIV.

Pompone de Bellievre, chevalier, premier préfident du parlement, en 1651. Il avoit été ambaffadeur extraordinaire dans les cours des princes d'Italie, puis en Angleterre, auprès de Charles I, & enfin en Hollande.

Guillaume de Lamoignon, chevalier, marquis de Bafville, premier préfident, le 16 novembre 1658.

Nicolas Pottier, chevalier, premier préfident, le 13 juin 1678, fe démit en 1689.

Achilles de Harlay, chevalier, premier préſident, le 18 novembre 1689, ſe démit en avril 1708.

Louis le Pelletier, chevalier, reçu premier préſident le 5 mai 1709, ſe démit en janvier 1712.

Jean-Antoine de Meſmes, chevalier, conſeiller du Roi en tous ſes conſeils d'état & privé, commandeur des ordres du Roi, l'un des 40 de l'académie Françoiſe, premier préſident, le 5 janvier 1712.

Louis XV, heureuſement regnant.

André Pottier, chevalier, premier préſident, le 20 décembre 1723, ſe démit le 9 ſeptembre 1724.

Antoine Portail, chevalier, premier préſident, le 24 ſeptembre 1724.

MESSIRE LOUIS LE PELLETIER, chevalier, ſeigneur de Roſanbo & de Barac, a été reçu premier préſident le 20 Mai 1736.

Il s'eſt démis au mois de Septembre 1743.

MESSIRE RENÉ-CHARLES DE MAUPOU, chevalier, marquis de Morangles, ſeigneur de Bruyeres, a été nommé premier préſident, le 3 octobre 1743, & a pris ſéance en cette qualité le 12 novembre ſuivant. Il s'eſt démis au mois de ſeptembre 1757.

MESSIRE MATTHIEU-FRANÇOIS MOLÉ, chevalier, ſeigneur de Champlatreux de Luzarches, &c. reçu préſident du parlement le 16 Mai 1731, & premier préſident le 12 Novembre 1757.

LE PARLEMENT.

Chambres,

La grand - chambre.	Les enquêtes.	3
La tournelle - criminelle.	Les requêtes du Palais.	2

Les requêtes de l'Hôtel.	Le bailliage du Palais.	

En parlant des tribunaux de Paris, nous suivons l'ordre qui nous a paru le plus favorable à la distribution de notre ouvrage ; & nous ne prétendons point contredire, ni l'ordre ni les droits établis.

La chambre des comptes.
La cour des aides.
Le grand-conseil.
La prévôté de l'hôtel.
La cour des monnoies.

F

LE CHATELET.

C'eſt la juriſdiction du prévôt de Paris : elle eſt compoſée

D'un préſidial.

D'une chambre civile.

D'une chambre de police.

D'une chambre criminelle.

La juriſdiction du lieutenant - criminel de robe-courte.

Ses fonctions ont pour objet la ſûreté de Paris contre les meurtriers, vagabons, & autres gens de mauvaiſe vie.

La juriſdiction de l'hôtel de ville.
La juriſdiction des conſuls.

Le bureau des tréſoriers de France.
Sa chambre du domaine.

Les trois ſiéges généraux à la table de marbre.

La connétablie & maréchauffée de France.

L'amirauté.
Les eaux & forêts.

La maîtrife particuliére des eaux & fo-ts.

La prévôté générale des monnoyes & maréchauffées de France.

La maçonnerie.

La jurifdiction de l'Election.

La jurifdiction du grenier à fel.

La bazoche, ou la jurifdiction des clercs du parlement.

Le haut & fouverain empire de Galilée, ou la jurifdiction des clercs de la chambre des comptes.

Le bailliage de l'artillerie de France.

Le bailliage & capitainerie royale des chaffes de la varenne du Louvre, grande venerie & fauconnerie de France.

Le bailliage & capitainerie royale des chaffes de la varenne des Tuilleries.

Les officiers de ces deux capitaineries ont droit de chaffe dans un canton de la capitainerie appellé le canton des officiers.

Le bailliage du Temple.

Le bailliage de saint Jean de Latran.

Le bailliage de l'abbaye royale de saint Germain.

Le bailliage de saint Martin des Champs.

Le bailliage de sainte Généviéve.

JURISDICTIONS ECCLESIASTIQUES.

La chambre souveraine des Décimes.
Elle est dans l'enclos du palais.

Le bureau ecclesiastique du Diocèse.

L'officialité métropolitaine.

L'officialité diocesaine.

La temporalité.

La barre du chapitre.

La jurisdiction de M. le chantre de notre Dame.

Le tribunal de l'Université.

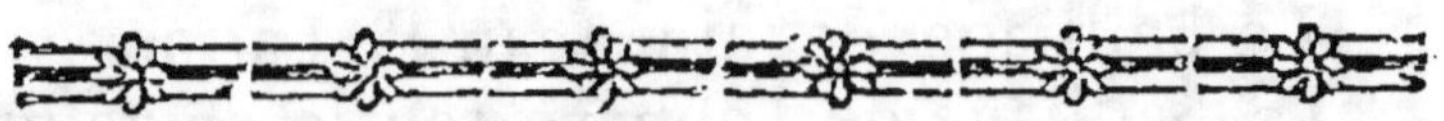

LE TRIBUNAL DES MARÉCHAUX
DE FRANCE.

L'origine de ce tribunal est aussi ancienne que les prérogatives du connétable : les sergens d'armes institués par Philippe Auguste avoient le privilége de ne pouvoir être jugés que par le roi & le connétable. Les gens de sa maison n'étoient justiciables que de lui seul. Après la suppression de la charge de connétable, le corps des maréchaux de France a continué d'exercer cette jurisdiction. Le tribunal se tient chez le plus ancien des maréchaux de France qui a tous les droits & honneurs du connétable. Ce Tribunal connoît sans appel de tous différends mus entre gentils-hommes, & gens faisant profession des armes, pour raison de leurs engagemens de parole ou d'écrit d'honneur & par provision des droits honorifiques. Les requêtes qu'on y présente, sont signées par les officiers & gardes de la connétablie : les premiéres sont remises au sécretaire-général des maréchaux de France qui fait les fonctions de greffier : & les secondes au maître des requêtes qui fait le rapport des affaires au tribunal. Les ordonnances qui émanent de ce tribunal font intitulées : les *maréchaux de France à tous ceux qui ces préfentes*, &c. fignées par le doyen, & contre-fignées par le fecretaire-général.

Ce tribunal n'a ni jour, ni tems fixe pour s'affembler : le doyen le convoque felon les circonftances par des billets d'invitation qui font portés par les gardes de la connétablie. Les maréchaux de France s'affemblent auffi, mais rarement, au palais en leur fiége de la connétablie & maréchauffée de France à la table de marbre.

TRIBUNAL.

M. le maréchal de Noailles, *premier.*
M. le maréchal de Coigny.
M. le maréchal d'Ifenghien.
M. le maréchal de Duras.
M. le maréchal de Maillebois.
M. le maréchal de Belle-Isle.
M. le maréchal de Balincourt.
M. le maréchal de Clermont-Tonnerre.
M. le maréchal de Richelieu.
M. le maréchal de Senecterre.
M. le maréchal de la Tour-Maubourg.
M. le maréchal de Lautrec.
M. le maréchal de Biron.
M. le maréchal de Luxembourg.
M. le maréchal d'Eftrées.

M. le maréchal de Thomond.
M. le maréchal de Contades.
M. le maréchal de Soubife.

M. de Bercy , maître des requêtes , rapporteur.
M. de la Vergne , fecrétaire.

Compagnie de la prévôté générale de la connétablie , gendarmerie , maréchauffée de France , & des camps & armées du Roi.

Cette compagnie a été fupprimée & enfuite rétablie militaire en charges & offices par Henri III. en 1577. Elle eft compofée d'un prévôt-général commandant, de trois lieutenans , de 4 exemts , de 4 brigadiers, de 44 gardes, dont le plus ancien eft porte étendard & d'un trompette. Un lieutenant affeffeur, un procureur du roi , un greffier , un commiffaire & un controlleur aux revues.

Le prévôt a rang de premier meftre de camp , & a voix déliberative au fiége général de la connétablie : les lieutenans ont rang de capitaines & les exemts rang de lieutenans de cavalerie. Cette compagnie eft la colonelle de toutes les maréchauffées du royaume Dans les cérémonies publiques les 4. brigadiers & les 44. gardes font revêtus de leurs hoquetons. En tems de paix les officiers & gardes font un service chez le doyen des maréchaux de France, & font employés à l'exécution de leurs ordres concernant la nobleffe & le militaire : en tems de guerre il en refte un nombre fuffifant pour continuer le fervice : ils font reçus aux Invalides, & ils jouiffent de tous les priviléges des officiers commenfaux de la maifon du Roi.

M. de Boiffablon, prévôt - général & infpecteur né des maréchauffées.
M. Beaufort.   *premier lieutenant.*
M. de la Bapommerie.   *fecond lieutenant.*
M. Dumefnil.   *troifiéme lieutenant.*

Tous les offices de cette compagnie, à l'exception de celui du prévôt, ont été rendus héréditaires par lettres patentes du 13 fevrier 1756, regiftrées au parlement, à la chambre des comptes & à la cour des aides.

ÉTAT

ECCLESIASTIQUE.

L'Evêché de Paris, dont la fondation est attribuée à S. Denys, vers l'an 250, n'a été érigé en archevêché qu'en 1622, on compte 107 évêques jusqu'à François de Gondy, premier archevêque.

Neuf Archevêques.

I. François de Gondy.
Jean F. Paul de Gondy, Cardinal de Retz.
Pierre de Marca.
Hardouin de Perefixe.
François de Harlay.
Louis-Antoine, Cardinal de Noailles.
Charles-Gaspard-Guillaume de Vintimille du Luc.
Jacques - Bonne Gigault de Belfonds.

Christophe de Beaumont du Repaire, de la maison des Barons des Adrets du Dauphiné, né dans le diocèse de Sarlat en Pé-

I 7

rigord, le 28 Juillet 1703. nommé à l'archevêché de Paris le 13 Août 1746.

La réception des Evêques & Archevêques de Paris se faisoit autrefois avec beaucoup de cérémonies : insensiblement on en a omises quelques-unes, & à la fin presque toutes.

Le jour que l'Archevêque a fixé pour prendre possession de son Archevêché, le Chapitre de la Cathédrale assemblé, après avoir fait la lecture des Bulles, députe quatre personnes de son Corps pour aller avertir l'Archevêque, & pour l'accompagner au Chapitre. Le Prélat en camail & en rochet y prête serment sur les saints Evangiles, de conserver les Priviléges, Exemptions & Immunités du Chapitre. Le Doyen le conduit ensuite à l'Eglise, d'abord à la Chapelle de saint Denys, où il prend l'habit canonial, & puis au maître Autel du Chœur, au pied duquel il fait sa priére à genoux; monte à l'Autel, le baise, & va à son Trône archiépiscopal ; le Doyen y monte le premier, & s'y assied : un moment après, il céde la place à l'Archevêque, va à sa place ordinaire de Doyen, où il entonne le *Te Deum*, & dit les oraisons accoutumées. L'Archevêque donne la bénédiction au peuple : & après la lecture publique des Bulles faite par le Théologal, qui monte au Jubé,

pour les annoncer au peuple, il va à la sacristie quitter l'habit canonial : il est conduit en rochet & en camail., par le Chapitre à l'Officialité, où il prend séance ,
nomme les Officiers de cette Jurisdiction ,
reçoit leur serment , & se retire au Palais
Archiépiscopal, accompagné du Chapitre.
Il est harangué par le Doyen ; & après qu'il
a répondu à la harangue , il reconduit le
Chapitre.

L'EGLISE DE NOTRE-DAME , édifice complet, des plus vastes & des plus majestueux,
fut commencé par l'Evêque Maurice , sous
Louis VII. vers l'an 1170. Le Portail n'a
été achevé que sous Philippe-Auguste , vers
l'an 1220.

Le Chapitre de cette Cathédrale est composé de 8. dignités , 52. Canonicats ou prébendes ; de six Haut - vicariats , de deux
Haut vicariats de saint Aignan , de deux
Chapelles Sous-Diaconales & 134. Chapelles de différens revenus. Ces Chapelles sont
divisées en deux Communautés, l'ancienne
& la nouvelle : les Chapelains ont le droit
de *Committimus*. Les revenus du Chapitre
sont considérables : les maisons du Cloître,
qui appartiennent au Chapitre, sont vendues
à vie au profit commun lorsqu'elles viennent
à vaquer par mort sans résignation précédente. Une des plus grandes Fondations est
celle de Louis XII. de 96 minots de sel.

F vj

Dignités.

Un Doyenné. Une Chantrerie. L'Archidiaconé de Paris. L'Archidiaconé de Josas. L'Archidiaconé de Brie. Une Sous-Chantrerie. Une Chancellerie. Une Pénitencerie.

Toutes les Dignités, excepté le Doyenné & la Sous-Chantrerie, sont à la collation de l'Archevêque, qui nomme aussi à tous les Canonicats : les autres Bénéfices sont à la nomination du Chapitre : ils ne sont ordinairement conférés qu'aux Ecclésiastiques & aux Enfans-de-chœur qui ont servi l'Eglise.

Les Annexes de ce Chapitre font un même Corps avec lui. Saint Jean-le-Rond, dont l'Eglise ne subsiste plus, a huit Chanoines, dont deux Prêtres, qui sont Curés du Cloître, trois Diacres & trois Soudiacres. Saint Denys-du Pas en a dix, dont cinq Prêtres, trois Diacres & deux Soudiacres. L'Office de saint Jean-le-Rond a été transféré dans l'Eglise de saint Denys-du Pas.

Le bas-chœur de ce Chapitre est composé de huit Chantres, six Clercs de matines, douze Enfans-de-chœur, un Maître de musique, un Maître de latin.

Quatre Organistes qui touchent par quartier

Messieurs,

Couperin.	*quartier de Janvier.*
Dubousset.	*quartier d'Avril.*

Daquin   *quartier de Juillet.*
Jollage.   *quartier d'Octobre.*

Deux Suisses : dix grands Huissiers : six petits.

Le Chapitre est indépendant de l'Archevêque & de ses Jurisdictions spirituelles & temporelles. L'Official du Chapitre tient un Synode tous les ans, le dix-neuf mars auquel tous les Bénéficiers du Corps doivent comparoître.

Les 4. Collégiales, Filles de l'Archevêque.

Organiste.

Le Chapitre S. Marcel.
Le Chapitre S. Honoré.   Fouqué.
Le Chapitre Sainte Opportune.
Le Chapitre de S. Germain l'Auxerrois, réuni à Notre-Dame en 1744.

Les 4. Collégiales, Filles de Notre-Dame.

Organistes.

Le Chapitre de S. Benoît.   Vaudri.
Le Chapitre de S. Etienne.   Aingrin.
Le Chapitre de S. Méderic.   Forqueroy.
Le Chapitre du Sépulcre.   Desprez.

La collation des Bénéfices de ces Eglises est annexé aux partitions des Chanoines de Notre-Dame dans lesquelles ils se trouvent.

Autres Chapitres.

Organiste.

Le Chapitre de la Sainte Chapelle.   Duboufset.

Le Chapitre de la sainte Chapelle de Vincennes.

Le Chapitre de saint Jacques-de-l'Hôpital.

Le Chapitre de saint Louis-du-Louvre.

Séminaires.

Supérieurs.

Le Séminaire de saint Sulpice.   M. Couturier.

{ S. Nicolas-du-Chardonnet.   M. Tachard.

La petite Communauté.   M. Davisard.

Les Missions étrangéres.   M. Delalanne.

Le Séminaire des Eudistes.   M. Fontaine.

Le Séminaire de S. Magloire.   le P. le Seurre.

Le Séminaire des Bons-Enfans.   M. le Roy.

Le Séminaire des Trente-Trois.	M. de la Roche.
Le Séminaire de saint Louis.	M. Gavel.
Le Séminaire de saint Marcel.	M. Pasquier.
Le Séminaire du saint Esprit.	M. Bouïc.
Le Séminaire des Anglois.	M. Howard.

Le Nouveaux convertis.	*rue de Seine saint Victor.*

Paroisses dans la Ville.

	Organistes.
S. André-des-arts.	Dubousset.
S. Barthelemi.	Couperin.
S. Benoît, dit le bien tourné.	Vautri. Vernadé en survivance.
S. Côme.	Le Grand.
Ste Croix de la cité.	
S. Etienne du-Mont.	Aingrain.
S. Eustache. S. Joseph, Succursale.	Fouquet.
S. Germain l'Auxerrois.	Dubuisson.

S. Germain-le-vieux.	Gouffé.
S. Gervais.	Couperin.
S. Hilaire.	Vernadé.
S. Jacques de la Boucherie.	Putau.
S. Jean du Cardinal le Moine.	
S. Jean en Grève.	{ Vautri. Dufour en furvivance.
Les faints Innocens.	Forqueray.
S. Joffe.	Guichard.
S. Landry.	
S. Leu-faint Gilles.	Vinot.
S. Louis en l'Ifle.	Lefevre.
Ste Magdeleine de la Cité.	
Sre Marine.	
S. Méry.	Forqueray.
S. Nicolas-des-champs.	Gigot.
S. Nicolas du-Chardonnet.	Thomas.
N. D. de Bonnes-nouvelles.	Vernadé.
S. Paul.	Daquin.
S. Pierre-aux-bœufs.	
S. Pierre-des-arcis.	
S. Roch.	Balbatre.
S. Sauveur.	Dubugra.
S. Severin.	Forqueray.

Paroisses dans les fauxbourgs.

S. Sulpice. Le gros Cail-   Clairambaut.
lou succursale.

Ste Magdeleine de la ville   Milman.
l'Evêque.

Ste Marguerite.   Mlle Calviere.
S. Jacques-du-haut-pas.   Anfry.
S. Laurent.   Forqueray.
S. Martin.   Marly.
S. Médard.   Laporte.
S. Hyppolite.

Paroisses des lieux exceptés de l'Ordinaire.

La sainte Chapelle.   Du Bousset
S. Jean de Latran.
S. Louis des Invalides.   Landrin.
Les Quinze vingt.   Parant.
Le Temple.
S. Symphorien.

Abbayes & maisons religieuses d'hommes.

Organistes. Nombre des relig.

L'Abbaye sainte
Géneviéve.   Gouffé.   70

L'Abbaye S.Germain-des-près.	Le Grand.	60
L'Abbaye S.Victor.	Fouqué.	26
L'Abbaye de S.Denys.	Gautier.	

Congrégations Eccléfiastiques.

Les Oratoriens,	*rue faint Honoré.*
Les Oratoriens.	*près l'Obfervatoire.*
Les Peres de la Doctrine Chrétienne,	*rue des foffés faint Victor.*
Les Peres de S.Julien des Meneftriers.	*rue faint Martin.*
Les Lazariftes fauxbourg S. Denys.	170

Chanoines reguliers.

Les Prémontrés , *rue hautefeuille.*	12
Les Prémontrés *à la Croix Rouge.*	15

Le petit S. Antoine.	16
Le prieuré sainte Catherine.	22
Sainte Croix de la Bretonnerie.	14

CLERCS REGULIERS.

Les Jésuites du Noviciat.	50
Les Jésuites de la Maison-Professe.	
Les Jésuites du Collége de Louis le Grand.	
Les Théatins.	20
Les Barnabites.	15

ORDRES MONASTIQUES.

Les Bénédictins de l'Abbaye.	
Les Bénédictins Anglois.	12
Les Blancs-Manteaux.	16
Les Bernardins.	30
Les Célestins.	40
Les Chartreux.	40
Les Feuillans, *rue saint Honoré.*	40
Les Feuillans, *rue d'Enfer.*	14

S. Martin des Champs. 40
Les Mathurins. 30
Les Peres de la Mercy. 30
S. Denys de la Chartre. 7
Le Collége de Cluny. 24
Le Collége de Grand-Mont. 8
Les Minimes de la place
Royale. 36
Les Religieux de la Charité. 56

ORDRES MENDIANS.

Les Grands-Augustins. 90
Les Petits-Augustins. 25
Les Augustins de N. D. des
Victoires. 60

Les Capucins, *rue saint Honoré.* 100
Les Capucins, *rue saint Jacques.* 40
Les Capucins, *du Marais.* 40

Les Carmes, *place Maubert.* 70
Les Carmes Billettes. 17
Les Carmes déchauffés. 54

Les Cordeliers de la grande
Obfervance. 140

Les Jacobins, *rue saint Jaques.* 70

Les Jacobins , *rue saint Do-*
minique.   70
Les Jacobins, *rue saint Honoré.*   40

Les Pénitens de Nazareth.   50
Les Picpus.   75
Les Récolets.   60

Abbayes , maisons , & communautés reli-
gieuses de filles.

Abbesses.

Mad. la Prin-cesse de Con-dé.	L'Abbaye S. Antoine.	22
Mad. de Me-zieres.	L'Abbaye de Pante-mont.	20
Mad. de Vau-ban.	L'Abbaye de Port-Royal.	54
Mad. de Mor-nay.	L'Abbaye au Bois.	
Mad. Dar-gouges.	L'Abbaye des Augus-tines de sainte Gé-neviéve du Faux-bourg de Chaillot.	
Mad. de la Rochefou-caut.	L'Abbaye de Mont-martre.	

En parlant des communautés religieuses de filles, nous marquerons par une *
celles où il y a école gratuite & charitable.

Quartier saint Honoré.

Supérieures,		*nombre des relig.*
	L'Assomption, Channoinesses de S. Augustin qui ont pour superieur le Grand Aumônier de France, *rue saint Honoré.*	
Mad. du Sol.	La Conception, Religieuses du Tiers-Ordre, *rue saint Honoré.*	24
Mad. de Catinat.	Les Benedictines, de la Ville-l'Evêque.	12
Mad. de la Croix-Feydeau.	Les Capucines, vis-à-vis la place Vendôme.	38
	Les nouvelles catholiques, *rue sainte Anne.*	40
Mad. S. Dominique.	Les Filles S. Thomas, *rue neuve saint Augustin.*	28

Mad. du Quefne.	* Les Filles fainte Agnès, Communauté féculiére où l'on apprend des Métiers aux pauvres filles de la Paroiſſe S. Euſtache , *rue Platriere.* 42

Quartiers Montmartre, S. Denys, S. Martin, le Marais & S. Antoine, &c.

	* Communauté de Femmes - Veuves, *rue du-gros chenet.*
	Les Filles S. Magloire, *rue faint Denys.*
	Les Hoſpitalieres de S. Catherine, *même rue.*
Mad. de Mongené.	* Les Filles S. Chaumont , *même rue.*
Mad. de Leſseville.	Les Filles-Dieu, *même rue.* 24
Marie-Anne Bonejoye.	*Les Filles de la Charité ou les Sœurs griſes, *fauxbourg faint Denys.* 200
Mad. de	Les Hoſpitalieres de

Chaſſon- ville.	la Magdeleine, *rue* *des Fontaines.*	60
	Les Carmelites, *rue* *Chapon.*	
	Les Filles-Pénitentes du Sauveur, *rue* *de Vendôme.*	
	Les Urſulines de ſain- te Avoye.	
Mad. de Tran.	Les Hoſpitalieres S. Gervais, ou S. A- naſtaſe, *vieille rue* *du Temple.*	44
Mad. Berrier de S. Am- broiſe.	Sainte Eliſabeth, *rue* *du Temple.*	40
Mad. Dar- gentré.	L'Ave-Maria, *rue des* *Barres.*	54
	Les Filles de la Croix S. Gervais, *rue des* *Barres.*	
	La Viſitation, *rue* *ſaint Antoine.*	19
Mad. Ter- rier.	*Les Filles de la Croix, rue ſaint Antoine.*	46
Mad. de Ray- mond.	Les Filles-bleues, ou les Annonciades cé- leſtes, *rue de la* *Couture ſainte Ca-* *therine.*	40

Mad. de Va-ry.	Le Calvaire du Marais , *rue saint Claude.*	34
Mad. Colombien.	Les Filles du S. Sacrement , *rue saint Louis.*	32
Mad. de la Hogue.	Les Hospitalieres , *de la place Royale.*	40
	*Les Filles sainte Marguerite, *fauxbourg saint Antoine.*	
	La Conception, ou les Angloises, *de la rue Charenton.*	
Mad. Bernard.	Les Hospitalieres, *de la rue Raquette.*	
	* Les Filles de la Trinité, *rue Reuilli.*	
	* Les Filles de la Croix, *rue Charonne.*	
Mad. de Francini.	La Magdeleine de Trainel.	32
Mad. Rossignol.	Notre Dame de bon-secours.	35
	Les Annonciades de Popincourt.	
Mad. Desvieux.	Les Chanoinesses Reguliéres de l'Ordre de S. Augustin, *rue des Picpus.*	36

G

Quartier saint Victor.

Mad. Cail- ler.	* Les Miramionnes, ou les Filles de sainte Généviéve, quai de la Tour- nelle. Elles enſei- gnent gratuitement, ſervent les mala- des, prennent des penſionnaires, & font des retraites.

Les Pénitentes de sainte Pélagie, *rue du Puits l'Hermi- te.*

Mad. Vood- man.	Les Angloiſes Bene- dictines, *rue des Filles-Angloiſes.*	18
Mad. Brouſ- ſin, Abbeſſe.	Les Cordelieres, *rue de l'Ourſine.*	35
	* Les Filles de sainte Valere de l'Ourſine.	
Mad. Dolé.	Les Hoſpitalieres de la miſéricorde, *vieille rue saint Jacques.*	12
	* Les Filles de la Croix de la Paroiſ-	

se S. Medard, *rue
d'Orleans.* 6
Les Hospitalieres de
la miséricorde de
Jesus, pour panser,
soulager & servir
les pauvres Filles
& Femmes, *rue
Mouffetard.*
Notre-Dame de Sion,
Chanoinesses An-
gloises, *rue des
fossés saint Victor.* 30

Mad. Colas. La Congrégation de
Notre-Dame, Au-
gustines, *rue-neu-
ve, saint Etienne.* 30

Quartier S. Benoît &c.

Mad. Du-   Le Val de Grace. La
quenóy.   supérieure est élec-
           tive & triennale, &
           a le titre d'Abbesse. 50
Mad. Tour- La Visitation, *rue*
mont.   *saint Jacques.*
           Les Ursulines, *rue*
           saint Jacques.
Mad. de S. Les Feuillantines,
Augustin.   *même rue.* 35

Mad. S. Ange.	Les Carmelites, *méme rue.*	30
Mad. du Vert.	Les Filles de la Providence, *rue de l'Arbalétre.*	30
	La Présentation de Notre-Dame, Benedictines, *rue des Poftes.*	
	Les Orphelines du S. Nom de Jefus. *id.*	
	La Communauté de fainte Aure , *rue neuve fainte Géneviéve.*	

Quartier faint Germain.

Mad. du Colofquet.	Le Calvaire, *rue de Vaugirad.*	32
Mad. de Bercy.	Les Filles du précieux Sang , *méme rue.*	35
	Les Bénedictines de Notre - Dame des Prés , *méme rue.*	
	L'enfant-Jefus, *rue du petit Vaugirard.*	
	* Les Filles de l'Enfant - Jefus , *rue faint Maur.*	
	* Les Filles de l'In-	

struction, *rue Pot-
de-fer.*

Les Filles du S. Sa-
crement, *rue Caf-
fette.*

Mad. de sainte Victoire.	Notre - Dame de la Miséricorde, *rue du Vieux-Colombier.*

Les Orphelines, *rue
du vieux Colom-
bier.*

Mad. de la Garie.	Notre-Dame de Consolation, Bénedictines , *rue du Cherche-midi.*	40

Les Répenties du bon
Pasteur , *même rue.*

Mad. du Vergier de Kerorlay.	S. Thomas de Villeneuve, Hospitaliéres Augustines , *rue de Seve.*

Les Benedictines de
Notre - Dame de
Liesse , *même rue.*

Mad. le Bas.	Les petites Cordelieres de la *rue Grénelle.*	2

Mad. D'havré.	Les Carmelites , *même rue.*	42

Les Chanoinesses du
S. Sépulcre de Bel-

	le-Chasse, *rue saint Dominique.*	
Mad. de Se-nadon.	*. Les Filles de S. Joseph, *même rue.*	18
Mad. Davejan.	La Visitation, *rue du Bacq.*	45
Mad. de S. Prix.	L'immaculée Conception, ou les Récolettes, *même rue.*	34
	Les Filles - Pénitentes de sainte Valere, *à la Barriere des Invalides.*	

HOPITAUX.

L'Hôpital des Enfans-Trouvés, *rue neuve Notre-Dame.*

Nous commençons par celui-là comme le plus honorable à l'humanité & à la Religion. On y reçoit en tout temps, à toutes les heures du jour & de la nuit, sans question & sans formalité, (*) tous

(*) Il est nécessaire, pour constater l'état & le nom des enfans qu'on présente à cette maison, de faire faire un procès-verbal par un Commissaire, qui est obligé d'en donner l'expédition *gratis.*

les enfans nouveau-nés qu'on y préfente, (cela va à plus de 8000 par an,) & on les y fait élever avec grand foin jufqu'à ce qu'ils ayent fait leur premiere communion & qu'ils font en état d'apprendre un métier. Cet Hôpital a une feconde maifon dans le fauxbourg S. Antoine qui fert de décharge à celle-ci. Si un pareil établiffement étoit imité dans chaque province, ou même dans chaque ville du Royaume, on conferveroit à l'Etat un très-grand nombre d'enfans qu'on envoie à Paris, de fort loin, & qui périffent par les fatigues du voyage.

L'Hôtel-Dieu.	L'Hôpital du S. Nom de Jefus.
L'Hôpital-Général.	
Bicêtre,	L'Hôpital de faint Louis.
La Pitié,	
Les Enfans Rouges.	La Charité.
Les Cent Filles.	L'Hôpital des Con-valefcens.
La Trinité.	
Le S. Efprit.	L'Hôpital des Filles S. Jofeph.
Les Petites - Mai-fons.	
	L'Hôpital des Incu-rables.
Les Quinze-vingts.	

Dans l'Hôpital des Incurables, il y a un grand nombre de lits de fondation, dont la nomination appartient à des Seigneurs, à des Particuliers, à des Villes, Paroiffes &c. dont voici la lifte.

MESSIEURS.

DE Mazarin, Richelieu.

De Berry & l'Abbé de Ricouard.

Paris, Hénault, Charmond.

Le Conseiller Robert, le Marquis d'Haute-fort.

Le Recteur des Jesuites du Noviciat.

Berthelot, de Souges.

Rouillé, Colin Président.

Bongras de Fontperthuis.

Le Comte de S. Florentin.

L'Abbé de S Germain des prés.

Le Comte de Touloufe.

Duchâtelet, le Comte de Nogent.

De la Houquette, le Prince de Soubise.

La Duchesse de Boutteville.

Le Duc de la Rochefoucault.

De Verulle, de Chaulieu.

Le Marquis de Roney, Grangé.

Morelle, Courtanvaux.

Le Marquis de la Terriere.

Berlé, de S. Firmant.

Le Chapelain des Incurables.

Le Duc d'Orléans, de Coste.

L'Abbé Dubois, de Penthievre.

De Mazarin, de Luynes.

De Fervaque, le Comte des Vertus.

De Louvois, le Président de la Brosse.

De la Bossiere, le Marquis de Ragny.

De la Châtre, le Dreux.
Le Président de Mesme, Trudaine.
Benoiste, Galas.
Dupin, Fermier Général.
D'Orbigny, de Vins, Pelletier.
Augrand, de Morangis, de Renty.
Fremond de la Charlete, de la Selle.
Langlois, de Fort de Buillon.
Cherteron de Renouard, Beringle.
Garnol, Mlle Barbanteau au Valdosne.
L'Aureau, Bardoux, de Belleforest.
Galland, de Rieuse.
Le Président le Lievre.
De Maurangis, Haubourg.
Boury, Chapier, Magnier, Hoyer.
Grandcolas, Prêtre.
Duguay de Bagnolle.
Mlle le Maître de Bellejame.
Le Duc de Luynes, du Tremblay.
De Thibouville, Aubry.
Masse Md. La Scelle.
Cornelle.

PAROISSES.

Sainte Marguerite, S. Benoît.
S. Medard, S. Sulpice.
S. Germain l'Auxerrois, S. Eustache.
S. Roch, S. Joseph.
S. Merry, S. Leu.

S. Jean, S. André.
S. Paul, S. Gervais.
S. Sauveur, S. Laurent.
Bonne nouvelle, S. Lazare.
S. Côme, S. Nicolas des Champs.
S. Nicolas du Chardonnet.
S. Jacques du Haut pas.
S. Jacques de la Boucherie.
S. Etienne du Mont.

VILLES DE PROVINCE.

Coulonmiers.
Gargenville.
Amiens & Senlis.

*De plus il y a quarante lits à la nomina-
tion du Bureau, qui sont nommés à tour
de role par*

M. l'Archevêque de Paris.
M. le premier Président.
M. le premier Président de la Chambre
des Comptes.
M. le premier Président de la Cour des
Aides.
M. le Procureur Général.
M. le Lieutenant de Police.
M. le Prévôt des Marchands.
M M. les douze Administrateurs, tant des
Incurables que de l'Hôtel-Dieu, accor-
dent des places plus facilement.

ACADÉMIES

ET INSTITUTIONS

Pour les sciences & pour les arts libéraux.

ACADÉMIES.

LE nom d'*académie* se donne ordinairement à une société ou compagnie
de gens de Lettres, établie pour la culture
& l'avancement des arts ou des sciences ;
& c'est dans ce sens que nous l'entendons
ici.

Paris a plusieurs de ces académies.

L'académie Françoise.

L'académie Royale des Inscriptions &
Belles-Lettres.

L'académie Royale des Sciences.

L'académie Royale de chirurgie.

L'académie Royale de Peinture, Sculpture, Gravure.

L'académie Royale d'Architecture.

L'académie Royale de Musique.

L'académie Royale de Danse.

L'académie Françoise, composée de 40. académiciens, établie en 1633. par le cardinal de Richelieu pour perfectionner la langue : & en général elle a pour objet toutes les matières de grammaire, de poësie, & d'éloquence.

L'académie des inscriptions & belles-lettres, composée de dix académiciens honoraires, douze académiciens pensionnaires & quatre vétérans, & douze académiciens libres, établie en 1663. pour expliquer les anciens monumens & pour consacrer les événemens de la monarchie, par des inscriptions & par des médailles.

L'académie des sciences, établie en 1666. composée de douze honoraires, douze pensionnaires ordinaires & trois vétérans; douze associés ordinaires & neuf étrangers; douze adjoints, &c. Elle a pour objet la Géométrie, l'Astronomie, la Méchanique, l'Anatomie, la Chymie, la Botanique & la Géographie.

L'académie royale de chirurgie, établie en 1731. composée de quarante académiciens conseillers du comité perpétuel, & vingt adjoints au comité. De tous les autres maîtres en chirurgie de Paris & d'asfociés , tant françois, qu'étrangers , dont le nombre n'eft point borné. Le premier chirurgien du Roi en eft chef & préfident.

L'académie royale de peinture , fculpture & gravure, établie en 1648. eft compofée de huit académiciens honoraires amateurs ; de huit adjoints honoraires affociés ; d'un directeur nommé tous les ans ; d'un chancelier & de quatre recteurs qui font perpétuels , de deux adjoints à recteur; de douze profeffeurs , & douze adjoints à profeffeurs ; dix confeillers , & cinquante académiciens , tant peintres , que fculpteurs & graveurs.

Cette académie eft une école publique où les peintres vont deffiner ou peindre, & les fculpteurs modéler, d'après un homme nud, qu'on appelle *modéle.* Elle eft ouverte tous les jours après midi pendant deux heures, & les douze profeffeurs fuppléés par les douze adjoints, en cas de befoin tiennent l'école chacun pendant un mois.

L'académie royale d'architecture , établie en 1671. compofée d'une premiere claffe de quatorze architectes, dont deux font profeffeurs, & d'une feconde claffe de quatorze autres architectes.

L'académie royale de musique , établie en 1669. est aujourd'hui sous la direction de Messieurs Rebel & Francœur, surintendans de la musique du Roi.

L'académie royale de danse , établie par lettres-patentes de 1661. composée de treize académiciens , dont l'un est directeur: ils jouissent, de même que leurs enfans, du privilége d'enseigner l'art de la danse sans lettres.

L'UNIVERSITÉ.

L'Université de Paris, la premiere & une des plus célébres du monde chrétien, doit sa fondation à Charlemagne, vers l'an 790. quoiqu'elle n'ait commencé à faire un corps régulier que depuis le regne de Philippe-Auguste. Le recteur qui en est le chef, veille à l'observation des statuts & à la conservation des priviléges, & préside aux assemblées & aux décisions générales de l'université. Son tribunal se tient chez lui : les sentences en sont relevées au parlement. Il y a lieu de croire que c'est dans les écoles de droit de Paris que les dégrés de bachelier, de licencier & de docteur ont pris leur origine avant 1150. Un docteur en droit est appellé *miles legum*, chevalier des loix, dans une charte de Leger, évêque d'Apt, écrite avant 1113. & conservée dans le cartulaire de cette église : & la faculté des arts doit sans doute son établissement, ses progrès & l'origine de ses dégrés, à la nécessité d'être instruit des premieres sciences que cette faculté enseigne, pour parvenir aux dégrés des facultés supérieures, & qui peuvent être regardées comme la clef des autres sciences.

L'université est composée de quatre facultés.

La faculté de Théologie.
La faculté de Droit.
La faculté de Medecine.
La faculté des Arts.

COLLÉGES.

Nous distinguons les colléges en trois classes ; les uns ont plusieurs professeurs fondés, & ne font point corps avec l'université, comme :

Le collége royal.
Le collége des Jésuites.

On peut y ajoûter :

Le jardin du Roi.

Les écoles de saint Côme.

Les autres ont aussi des professeurs fondés, & font corps avec l'université, & se distinguent en colléges de plain exercice, c'est-à-dire, qu'on y enseigne les humanités, la philosophie, &c. & en colléges de moyen exercice, c'est-à-dire, qu'ils n'ont aucun professeur fondé ni classes reglées.

Les Colléges de plein exercice suivant l'ordre de leurs fondations.

		Nombre des bourses.
Le collége d'Harcourt fondé en	1280	40
Le collége du cardinal le Moine.	1302	24
Le collége royal de Navarre.	1304	30
Le collége de Montaigu.	1314	40
Le collége du Plessis.	1322	16
Le collége de Lisieux.	1336	16
Le collége de Beauvais.	1370	21
Le collége de la Marche.	1423	20
Le collége des Grassins.	1569	18
Le collége Mazarin, ou des 4. Nations.	1661	30

Ce collége a été fondé par le cardinal Mazarin pour 60 jeunes gentils-hommes des provinces défignées par la fondation , fçavoir, la Flandre , l'Alface , le Bugeay & état écclésiaftique, & le Rouffillon. Le nombre de ces gentils-hommes a été réduit à 30. qui y font reçus, à la nomination de M. le duc de Nevers, comme héritier du fondateur , dès l'âge de huit jufqu'à quatorze ans pour y être élevés jufqu'à la philofophie inclufivement, par dix profeffeurs établis , tant pour les humanités, les mathématiques, &c. que pour la philofophie : ils y font logés , nourris , chauffés & inftruits au dépens de la fondation ; & on leur donne 100 liv. par an en argent : les parens payent le refte.

Les colléges de moyen exercice.

		bourfes
Le collége du Tréforier, en	1268	8
Le collége des Cholets.	1295	18
Le collége de Bayeux.	1308	16
Le collége de Laon.	1313	26
Le collége de Prefle.	1313	8
Le collége de Narbonne.	1317	9
Le collége d'Arras.	1322	
Le collége des Ecoffois.	1325	4
Le collége de Bourgogne.	1331	
Le collége des Lombards.	1333	

Accordé par Louis XIV. aux Irlandois réfugiés en 1677.

Le collége de Tours.	1333	6
Le collége d'Autun ou du car- dinal Bertrand.	1337	18
Le collége d'Huband, ou de l'*Ave Maria.*	1339	6
Le collége de Cambray, ou des trois Evêques.	1348	6
Le collége de Boncourt, réu- ni au collége de Navarre.		
Le collége de Boiſſy.	1354	4
Le collége de Juſtice.	1358	12
Le collége de maître Gervais.	1370	26
Le collége de Daimville	1380	12
Le collége de Cornouailles.	1380	5
Le collége de Fortet.	1391	16
Le collége de ſaint Michel, ou de Chanac.	1404	6
Le collége de Reims.	1412	8
Le collége de Sées.	1427	12
Le collége du Mans.	1526	12
Le collége de ſainte Barbe.	1°. 1430 2°. 1556	22

Le collége des Dix-huit.	18
Le collége de Treguier.	8

Ces deux derniers colléges n'ont plus d'em-
placement, mais les bourſes ſubſiſtent.

Tous ces colléges, tant de plein que de

moyen exercice , ont, comme nous l'avons marqué, des bourſes fondées pour de pauvres écoliers, affectées à certains diocèſes, provinces., villes où familles. Nous ne tarderons pas à en donner un état éxact, dans lequel nous marquerons les noms des fondateurs & des collateurs : le nombre de ces bourſes dans chaque collége, leur valeur & leur deſtination.

MAISTRES DE PENSION.

Nous diſtinguons les maîtres de penſion en deux claſſes : les premiers, au nombre de quarante, ſont maîtres - ès - arts, ſont corps avec l'univerſité, & ſont aſtreints d'envoyer leurs écoliers à un des colléges de l'univerſité. Ils peuvent enſeigner dans toute l'étenduë du royaume. *Hic & ubique terrarum.*

MESSIEURS.

Colſon.	rue Mazarine.
Tricot.	dans l'iſle.
Targny.	rue du Colombier.
Savouré.	rue Copeau.
Dadou.	rue des Noyers.
Lucas.	rue des Rats.
Korel.	rue des foſſés S. Bernard.

Varin.	rue du Meurier.
Montagne.	rue Savoye.
Montagne.	
Paget.	rue de la Harpe.
De la Motte.	à saint Euſtache.
Mory.	*à Meaux.*
Dubois.	rue des ſept Voies.
Damiens.	rue Galande.
Hurtaut.	rue de Beaune.
Billet.	rue du Temple.
Guichard.	rue des Poſtes.
Achard.	place de Fourcy.
Le Comte.	rue Mazarine.
Le Mire.	rue du fauxb. S. Antoine.
Cluzel.	rue du haut Moulin.
Allain.	près de l'Eſtrapade.
Monchablon.	rue de l'Arbalêtre.
Colin.	rue des Picpus.
De la Herſe.	rue du mont ſaint Hilaire.
Langlade.	rue des Picpus.
Le Gros.	rue du Four.
Bardin.	rue de
Colombet.	rue de Biévre.
Brunet.	rue ſaint Hyacinte.
Chartron.	au collége de Navarre.
De Bras.	rue de la Harpe.
Maugue.	près ſaint Victor.
Rogelin.	rue S. Jean de Beauvais.
Vellard.	rue de la Mortellerie.
Breton.	rue des foſſés ſaint Victor.
Tricot.	rue ſaint Louis dans l'iſle.

Ducreux.   près la rue Oignard.
Sartiau.   rue de Poitou.

On enseigne chez eux la langue latine, la langue grecque, la géographie & l'histoire. Le prix ordinaire des pensions est de 420 livres.

La seconde classe comprend les maîtres des petites écoles, dépendans de la nomination & de la jurisdiction du grand-chantre de Notre-Dame, qui leur donne des lettres de commission *ad annum tantùm valituras*, & leur désigne à chacun le quartier où ils doivent s'établir, hors duquel ils sont sans titre. Ils sont actuellement environ 210. maîtres distribués, tant dans la ville & fauxbourg, que dans la banlieuë de Paris.

MESSIEURS.

BOivin receveur, rue Michel le Comte.
La Marque, rue Jean-Tison.
Colson, rue Mazarine.
Phaput, rue de Harlay.
Leonard, rue aux Féves.
Goubert, rue de Cluny, près la Sorbonne.
Pollet, rue de la Barillerie.
Gardien, rue Mondétour.
Monot, rue saint Jacques de la boucherie.

Guétou, rue saint Martin.
Robert, rue des Prouvaires.
Chompré, rue des Carmes.
Verardy, rue de Meſlé.
Behier, rue saint Jacques.
Montalan, rue saint Denys.
Targny, rue du Colombier.
Tricot, rue saint Louis.
Aupy, rue saint Jacques.
Aupy, rue Mazarine.
Prevoſt, rue Aumaire.
Huguier, rue Trouſſevache.
De la Collancelle, rue Comteſſe d'Artois.
Collot, rue saint Denys.
Le Grain, rue de la Tixeranderie.
Deſquinemare, rue des Barres.
Du Hamel, à Auteüil.
Quevillon, rue de Grenelle.
Blondeau, rue tirechape.
Tavernier, cloître saint Jacques de l'hôpital.
Barier, rue saint Honoré.
Du Montier, rue saint Honoré près l'Ora-
    toire.
Cottin, à la Villette.
Daniel, rue & près le petit saint Antoine.
Auſergent, rue des foſſés saint Bernard.
Douard, rue de la Bucherie.
Beaucamp, rue de l'Arbreſec.
Mailpart, à Bagnolet.
Rougemont, rue des Boucheries, fauxbourg
    saint Germain.

Beliard, rue de la Harpe.

De Lafolie, rue des Nonaindieres.

De Lamare, rue de Beauregard.

Cheron, rue de Langlade.

Pain, *surv.* rue Tirechape.

Durié, rue & fauxbourg saint Antoine.

Caignard, rue saint Sauveur.

De Grouchy, rue de la Draperie.

Marie, à Picpus.

Bertrand, montagne sainte Geneviéve.

Guitton, rue de Reuilly.

Lecœur, rue & près la porte saint Antoine.

Dheilly, rue de la Tixeranderie.

Pollet, rue du Roi de Sicile.

D'Ergny, rue saint Nicolas du Chardonnet.

Joffet, rue & fauxbourg saint Martin.

Fortier, rue neuve notre-Dame.

Pellapra, rue Beaurepaire.

Le Gland, rue de la Croix des petit-champs.

Donzel, rue de Verneuil, fauxbourg saint Germain.

Etienne, rue du vieux-Colombier.

Guillaume, rue saint Nicaise.

Le Clerc, à Passy.

Cousin, rue de l'Etoile.

Fay, rue saint André des Arts.

Billet, rue du Temple.

Coche, quai Pelletier.

Hullin, rue saint louis, près le Palais.

Monroy, à Belleville.

Durand, rue Quinquempoix.

De Valmont, rue de Longpont.

Hebert, rue des Noyers.

Noël, cloître faint Marcel.

Roland , rue & près la culture fainte Catherine.

Oudinet, rue Macon.

Charpentier, rue de la Verrerie.

Droüet, *dit* Fleurizelle, rue de Montreuil.

Le Riche, rue du Croiffant.

Chenebrun, rue faint Antoine.

Camus, rue Tranfnonain.

Le Mire, grande rue & fauxbourg S. Antoine.

Vautier, rue de la Coffonnerie.

Taupin de Vaudoré, rue faint Bernard.

Chompré, rue de la vieille-Monnoye.

Blier, rue faint Germain l'Auxerrois.

Poupin, fous les pilliers de la Fripperie.

Lointier rue de la Coutellerie.

Sauvage, rue du Chevalier du Guet.

Pelliffier, rue de Bourbon.

Cluzel, rue des hauts-Moulins.

Vigoureux, rue faint Antoine.

Lemoine, rue Plâtriere.

Gallet, rue des deux Anges.

Fouquet, à Clichy-la-garenne.

Allegrain, près la boucherie de Beauvais.

Hudde, rue faint Victor.

Muzelle, à Pantin.

Gommerat, rue faint Antoine.

Cottin, *furv.* à la Vilette.

Brunet, rue Hyacinthe.

Le

Le Roi, rue de l'oseille, au marais.
Courteault, rue saint jacques.
Beranger, rue de la jouaillerie.
Le Bel, à la croix rouge.
Vilebert, rue saint martin.
Tachau, rue montmartre.
Delaire, fauxbourg saint jacques.
Bernard, rue saint honoré.
Mignon, cul-de-sac du paon.
Le Blond, rue de l'Oursine.
Requin, rue saint-benoît.
Courtier, rue saint martin.
Daversi, rue saint honoré.
Prillieux, rue saint denis.
Pierres, place de cambray.
Donon, rue de l'homme-armé.
Dufoulloy, rue neuve saint médéric.
Melette, rue des vieilles thuilleries.
Morise, *surv.* rue de la tixeranderie.
Sartiau, rue de la marche.
Baillard, rue de tournon.
Beaudoüin, rue des quatre-fils.
Clery, à villiers-la-garenne.
Guyot, rue mouffetard.
Buret, rue montmartre.
Godran, rue dauphine.
Halou, rue montmartre.
Cartier, rue de reuilly, fauxbourg saint
    antoine.
De la Croix, à l'entrée du fauxbourg saint
    antoine.

H

Frere, rue de la comédie françoise.
Silveftre, à la nouvelle france.
Bruxelles, rue fainte anne.
Verdant, rue de la verrerie.
Guillaume, *furv.* rue de la barillerie.
Watrin, quai de l'horloge du palais.
Guillot, rue des deux-ponts, dans l'ifle.
Garnier, rue des marmouzets.
Quêquet, *furv.* rue aux féves.
Rellot, à boulogne.
Picard, rue des canettes.
Brulé, rue de biévre.
Chauvin, rue de la harpe.
Le Bois, fauxbourg faint Denys.
Cordier, butte faint roch.
Chartier, rue des petits-champs.
Defmarets, rue faint Denys.
Renaud, près la roquette.
Boiflet, rue férou.
Villin, rue de la barillerie.
Dubois, près faint medard.
Gayer, au pont aux tripes.
Courtois, rue de la mortellerie.
Boulnois, rue champfleury.
Caillemer, à chaillot.
Defecard, près faint laurent.
Daubernay, fauxbourg neuf faint honoré.
Martin, *furv.* rue de l'arbre-fec.
Le Batteur, aux petits-carreaux.
Julien, *furv.* rue faint Denys.
Bonnefoi, rue de féve.

Dutertre, fauxbourg faint honoré.
Bonnotté, à aubervilliers.
Fournier, à montmartre.
Boulangier, *furv.* rue faint martin.
Briot, place maubert.
Legros, rue du four, fauxbourg faint ger-
     main.
Dubois, rue des peres de la doctrine.
Vappereau, au gros caillou.
Le Quens, rue & près la porte faint martin.
Vachard de la Vallette, rue fimon le-franc.
Le Chocq, quai de la megifferie.
Rozy, au roulle.
D'Açarq, à l'eftrapade.
Genneau, rue charlot.
Prévoteau, rue de la harpe.
Verrier, près l'échelle du temple.
Douvry, rue beaubourg.
Crepeaux, rue bourglabé.
De Lavau, rue faint Denys.
Pepin, rue du temple.
Robin, rue du harlay, au marais.
Friou, rue de clery.
Landemore, rue de vaugirard.
Henault, rue de gêvres.
Bajolet, rue gaillon.
Le Bacheux, à la courtille.
Richer, à mont-rouge.
Bornat, rue de bourgogne.
Lorinet, rue neuve notre-dame.

LES PERMISSIONNAIRES.

Il ne peut y en avoir que 20. & ils n'enseignent qu'à leurs pensionnaires.

Pridault, à la barriere du trône.
Nolland, rue & près picpus.
Collin, rue & près picpus.
Caret de Vaublon, rue de picpus.
Pasquis, à passy.
Langlade, à picpus.
Dubois, rue de reims.
Berthaud, grande rue & fauxbourg saint honoré.
Bernard, rue de la montagne.
Renoüard.
Joüin, rue de charonne.
Rhombius, rue des postes.
Viard, rue de seine saint victor.
Tricot, rue couture saint gervais.
Garnier, rue saint Etienne des grès.
Landragin, rue & fauxbourg saint laurent.
Chaumont, rue polivaux.
Martilly, rue neuve saint laurent.
Brunetaud, rue basse des capucines.

M. Rhombiens, maître de pension pour les langues latine & allemande, rue des Postes près l'Estrapade.

LES MAITRESSES.

Les maîtresses d'école font également à la nomination & fous la jurifdiction du grand-chantre de Notre-Dame : il y en a actuellement dans la ville, fauxbourgs ou dans la banlieuë environ deux cens, dont voici la lifte.

DRisvelt, rue de bourbon.
Adam, rue faint martin.
Lhulié, rue du harlay.
Le Comte, à la place maubert.
Moulins, vieille rue du temple.
Bondonvillié, rue & fauxbourg faint antoine.
Gilbert, veuve Blanchard, rue de la tixe-
    randerie.
Dupont, rue du cimetiere faint andré.
Maréchaux, à chaillot.
Dubois, rue faint germain.
Spic, près faint laurent.
Marie, près les halles.
Daveine, rue du four.
Baudet, rue faint jacques.
Dionis, rue des deux ponts.
Guilbert, rue des foffés faint bernard.

Jacquesson, rue saint louis, près le palais.
Laisné de campigny, quai des ormes.
D'Alandhuy, rue saint jacques.
Pareille, rue aux ours.
Bouché, *surviv.* vieille rue du Temple.
Samy, rue froidmanteau.
Chevalier, rue champfleury.
De la Porte, rue de la roquette.
Leconte, rue de charonne.
Joly, rue de charenton.
Leliot, rue de beauregard.
Mancelle, vieille rue du temple.
Fourée, fauxbourg saint martin.
Nager, rue du bac.
De la Motte, rue saint antoine.
Dyot, rue du verbois.
Dubois, aux filles de la croix.
Gatellier, rue aux feves.
Mustel, rue saint louis.
Robequin, rue des boucheries.
Feré, rue de la huchette.
Bucaille, rue de la collonnerie.
Maillard, rue comtesse-d'artois.
Garnier, rue saint antoine.
D'Ecosse, rue saint landry.
Masselot, rue montmartre.
Delaunay, près saint medard.
Denise, *surv.* près les halles.
Beaudemont, rue des boucheries.
Devalles, près les carmes.
Roby, au gros caillou.

Boursy , rue saint jacques.
Lesselin , près saint hippolyte.
Regnault , rue neuve saint denys.
Derion, rue des bouchéries.
Chauvin , rue de la calandre.
Mony, rue saint martin.
Guillou , rue des cordiers.
Langlois , sous les charniers des saints in-
    nocens.
Fricot , rue de la verrerie.
Lartaux , quai pelletier.
Maillard , rue du vieux-colombier.
Reau , à villers-la-garenne.
Poullain , rue saint denis.
Détape , rue de bretagne.
Campagne , cour de lamoignon.
Desbarres , rue de clery.
Champion , rue aumaire.
Vincent , rue des prouvaires.
Radou , à belleville.
Lomon , au roulle.
Poirier , aux petits carreaux.
Crestien , rue mouffetard.
Lemaire , *surv.* rue du bacq.
Joly , rue coquilliere.
Rabieuvaux , rue de la coutellerie.
Delaitre , rue saint martin.
Feré , *surv.* rue de la huchette.
Parisot , *surv.* rue & fauxbourg saint anteine.
Duchemin , rue frépillon.
Heron , rue des canettes.

H iv

Jacquemin, à la grande pinte.

Dumontier, *surv.* rue saint martin.

Confait, *surv.* rue montmartre.

Chedaille, rue de la mortellerie.

Thomas, rue de savoye.

Hediart, à la porte saint michel.

Habit, rue de la grande truanderie.

Harlet, rue contrescarpe.

Joye, rue du temple.

Chicoineau, rue de l'Oursine.

Collon, rue beaujolois.

Le beau, à saint mandé.

De Mongeot, grande rue du fauxbourg
    saint antoine.

Olivier, à la communauté des filles de
    saint geneviéve.

Le Gendre, rue des deux-anges, fauxbourg
    saint germain.

Le Fevre, rue, & vis-à-vis le temple.

Gavot, rue saint andré des arts.

Fournier, *surv.* rue de la tixeranderie.

Bourgade, rue tirechape.

Vigny, *surv.* rue

Bourdin, près la paroisse de la ville l'évêque.

Le Jeune, rue des lavandieres.

Barry, rue des moineaux.

Espert, rue montorgueil.

Didot, place saint michel.

Rougemont, rue saint germain l'auxerrois.

Morice, rue des juifs.

Bouour, près la porte saint Denys.

Jamme, place cambray.
Mouchet, rue saint honoré.
Devienne, rue des trois Maures.
Drifvelt, *furv.* rue de bourbon.
Lelong, rue de févre.
Maffé, rue de buffy.
Poubelle, rue montmartre.
Braut, près la barriere des Incurables.
Dagory, rue du fauxbourg du temple.
Landon, à la Villette.
Nogard, rue des Nonaindieres.
Foulon, rue bare-du-bec.
Carré, rue saint martin.
Pilorget, *furv.* rue coquilliere.
Dufuilly, rue gracieufe.
Monot, rue des Arcis.
Guilbert, rue de l'Ourfine.
Lambert, à boulogne.
Herblot, rue sainte-marie-Egyptienne.
Grifelin, rue des foffoyeurs.
Bellemaniere, rue jean-tifon.
Lucas, rue saint paul.
Vino, rue aubry-le-boucher.
Ferret, rue de la jouaillerie.
Petit, grande rue du fauxbourg S. Antoine.
Jacqueminet, rue darnetal.
Myard, rue saint louis dans l'Ifle.
Joüenne, rue montmartre.
Neinville, rue saint honoré.
Becat, rue saint honoré.
Raillard, rue des Prêcheurs.

H v

Langlois, marché-neuf.
Grenier, rue des carmes.
Le Roi, rue gaillon.
Vallancier, rue neuve notre-dame.
Léveillé, *surv.* aux filles de la croix.
Privez, barriere du fauxbourg S. laurent.
Ganachos, rue de seine, fauxbourg S. germain.
Le Fort, rue saint jacques.
Royer, à Passy.
Roussange, fauxbourg saint Jacques.
Lheureux, rue sainte anne.
Pautrat, rue saint Sauveur.
Fournier, rue de gêvres.
Vinot, rue du cœur-volant.
Champion, rue de féve.
Badin, rue saint severin.
Porlier, près la croix-faubin.
Vilain, *surv.* rue des deux-ponts.
Scot, rue du chevalier du guet.
Cagnard, *surv.* rue des boucheries.
De la Croix, fauxbourg saint denys.
De Milly, rue dauphine.
Brazard, rue des gravilliers.
Mugnerot, rue maubué.
Dobremes, *surv.* rue du ha aye.
Pain, rue du sépulchre.
Cheretz, rue de la verrerie.
Poulain, rue du temple.
Chapuy, rue saint denys.
Briand, rue de rats.

Gatelier, rue des hauts-moulins,
Furet, rue faint honoré.
Lefgu, rue de la juiverie.
Gourlet, rue de clery.
Silveftre, à la nouvelle-France.
Vezien, rue de biévres.
Picon, rue faint denys.
Joffo, rue neuve faint louis.
Landry, rue faint victor.
Denuifemente d'Afleville, rue beaubourg;
Operie, rue faint antoine.
Peronon, rue de bourgogne.
De Rouillié, rue faint jacques de la bou-
cherie.

M. Dupont, clerc des Ecoles, *parvis Nôtre-Dame.*

La reception des maîtres comme des maîtreffes coûte cinquante livres quatre fols.
Sçavoir :

Pour la communauté   30 liv.
Le pain-béni une fois payé   3
Expédition des lettres au greffier 15 4f.
Au Clerc de la communauté.   2

Quand un maître ou maîtreffe nouvelle-ment reçu prend la place d'un autre dans un quartier, il eft d'ufage qu'il prenne auſſi les effets de celui ou de celle qui quitte ſur le pied de l'eſtimation qui en eſt faite par le greffier.

La troiſiéme eſpéce de maîtres d'école comprend la nombreuſe communauté des maîtres écrivains jurés : elle eſt comme les autres communautés des arts ſous la juriſdiction du lieutenant-général de police : ils prennent auſſi des penſionnaires à qui ils enſeignent à écrire , à compter , & à tenir des livres.

Paris a un très-grand nombre d'écoles chrétiennes & charitables., tant pour les filles, que pour les garçons : elles ſont tenues dans pluſieurs paroiſſes ſous la direction & l'inſpection des curés, par les freres des écoles chrétiennes pour les garçons, & par les ſœurs de la charité pour les filles ; la principale communauté de ces ſœurs eſt au fauxbourg ſaint Laurent. C'eſt-là communauté des ſœurs Griſes.

Les freres des *écoles Chrétiennes* ou de la communauté de ſaint Yon dont le chef lieu eſt à Rouen, ont quatre maiſons dans Paris.

Une maiſon dans la paroiſſe de ſaint Sulpice.   17 freres.

Une maiſon dans la paroiſſe de la Magdeleine de la ville l'évêque.   3

Une maiſon paroiſſe ſaint Medard.   3

Une maiſon paroiſſe ſaint Etienne du Mont.   2

ACADEMIES DU ROI.

Mémoire des pensions par an, & des autres frais qui se payent d'avance par quartiers.

	M. DUGARD, Ecuyer du Roi.	M. DE JOUAN, Ecuyer du Roi.
Pour un Gentilhomme,	1500 liv.	1500 liv.
Pour un Gouverneur,	700	700
Pour un Valet de chambre,	500	500
Pour un Laquais,	400	400
Au Tapissier, si l'on s'en sert,	150	150

A payer une fois seulement en entrant.

Droits d'entrée,		200 liv.		200 liv.
Droits d'écurie,		27		29
A Maître de Mathématiques,	Noblesse	15	Menil-Huri,	15
A Maître d'armes,	Teillagori, 18		Motet,	18
A Maître à danser,	Lacorne,	15	Chartier,	15
Exercices de la guerre,	Laval,	15	Laval,	20

A payer par mois.

Les gaules,	3	
Si l'on se sert du Domestique commun,	6	6

Demi-pension par an, payée par quartier.

Pour un Gentilhomme,	1200	1200
Entrées une fois payées,	200	200

Pour les Externes.

Le premier mois, tous droits compris,	152	152
Les autres mois,	72	72

Pour ceux qui veulent apprendre à courir les têtes, &c.

Par mois,	40	40

Chaque cheval qu'un Académiste monte pour la premiere fois, s'appelle pour lui, un cheval d'avance, & se paye au palefrenier qui le donne, 12. sols ou 24 sols, suivant la classe du cheval.

****

EXERCICES.

ACADÉMIES DU ROI

Pour apprendre à monter à cheval.

PAris n'a plus que deux * académies pour apprendre à monter à cheval, à courir la bague, les têtes, &c. & pour tous les autres exercices convenables à la noblesse & aux jeunes gens qui se destinent à la guerre. Il y a dans chacune de ces deux académies des maîtres en fait d'armes ou d'escrime, des maîtres à danser, maîtres à dessiner, maîtres de mathématiques, de langues, de musique, & pour apprendre à jouer de toute sorte d'instrumens sans sortir de la maison. Ces deux académies sont tenues sous l'autorité du grand écuyer de France par les écuyers du Roi ci-après.

M. Duguard, *au manége des Thuilleries.*

M. de Jouan, *près saint Sulpice.*

* La troisiéme qui étoit tenue par M. de Croissy écuyer du Roi, vient d'être supprimée.

MAISTRES

En fait d'armes ou d'escrime.

LA compagnie des maîtres en fait d'armes de Paris est actuellement composée de 16. maîtres : elle ne peut point excéder le nombre de 20. Nous regardons cette compagnie comme formant une espéce d'académie des armes, dont M. Rousseau maître en fait d'armes de Monseigneur le Dauphin & des enfans de France, peut être regardé comme le chef. Le Roi lui a accordé en 1755. des lettres de noblesse, & l'a décoré du cordon de saint Michel.

MESSIEURS.

Rousseau.	à Versailles.
Du Mouchel.	rue saint Martin.
Daniel.	rue de la Monnoie.
Ladroit.	rue

Teillagori maître en fait d'armes de l'académie du roi avec brevet, aux écuries d'orléans.

Fauveau.	rue saint Martin.
Le Perche.	rue Mazarine.
Thonnard.	près la croix du trahoir.

Motet, maître de l'académie du Roi , avec brevet.   rue de seine.

Chabot.	rue de la bretonnerie.
Riviere.	rue des foſſés S. germain.
Danet.	rue du chantre.
Guillaume.	rue de ſeine.
Donadieu.	rue des vieilles étuves.
De la Salle.	rue ſaint Jean de beauvais.
De Vaucourt.	rue des cordeliers.

Maîtres à danſer.

Le nombre des maîtres à danſer eſt trop grand, pour que nous puiſſions en donner ici la liſte. * Nous nous contenterons de nommer les treize qui compoſent l'académie royale de danſe, ſans prétendre enlever aux autres la juſtice qui eſt due à leurs talens. Cette académie fut établie par lettres patentes du mois de Mars 1661. regiſtrées en parlement le 30 Mars 1662.

MESSIEURS.

Laval, maître à danſer de Monſeigneur le Dauphin & des enfans de France, directeur de l'académie de danſe, rue S. Thomas du louvre.

Marcel.	rue de beaune.
Dupré. I.	rue.
Malter. I.	rue patourel.
Malter. II.	rue des cordeliers.

* *Nous tâcherons de donner cette liſte dans la ſeconde édition de cet ouvrage.*

Malter. III.	rue des petits-augustins.
Dumoulin.	rue.
Javiliers.	rue croix des pet. champs.
Matignon.	rue des fossés de M. le pr.
Dupré II.	cloître saint benoît,
Lani.	rue neuve des p. champs,
Vestris.	rue neuve saint eustache.
Lyonois.	rue montmartre.

Maîtres de Paulme.

Il y a dans les différens quartiers de Paris treize jeux de paulme, où l'on voit quelquefois les princes & les plus grands seigneurs s'amuser à ce noble exercice. Les jeunes gens qui veulent apprendre à jouer y trouvent les maîtres & des garçons, qui donnent des leçons, à raison de 12 sols par heure.

MESSIEURS.

Barneon.	rue verdelet.
Daudeman.	rue beaubourg.
Gossaume.	rue mazarine.
Gossaume.	rue hiacinte.
Grapin.	place saint michel.
Liebeau.	rue mazarine.
Liedet.	à l'estrapade.
Masson,	rue des écouffes.

Masson.	rue grenelle saint honoré.
Masson.	rue mazarine.
Masson.	à l'estrapade.
Myon.	rue mazarine.
Paschal.	rue beaurepaire.

Maîtres de Billard.

Il y a au moins 60 jeux de billard distribués dans les différens quartiers de Paris, appartenans au corps des maîtres paulmiers, ou plutôt aux particuliers qui sont de cette communauté. Ces jeux sont fort fréquentés aujourd'hui par des domestiques ou gens de bas-étage : les maîtres & les garçons donnent des leçons à ceux qui veulent apprendre à jouer.

Jeu du Mail.

Les Princes ne dédaignoient pas autrefois d'exceller dans cet exercice. Il est fort négligé depuis quelques années, & nous ne connoissons d'autre jeu de mail régulier dans cette ville, que le jeu du mail derriere l'Arsenal.

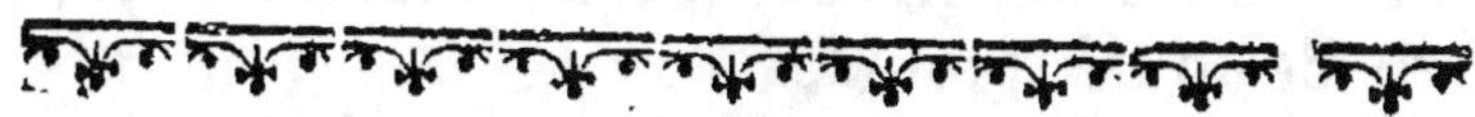

SCIENCES
ET ARTS LIBÉRAUX

Professeurs pour les langues.

Crecque.

Siriaque.

Hébraïque.

Arabe.

} Au Collége Royal. Il y a des Professeurs fondés pour chacune de ces langues.

Latine. { Aux Colléges de plein exercice, & chez les maîtres de pension.

Langue & littérature françoise. { M. Toussaint, Avocat au Parlement, de l'académie royale de Prusse, *rue d'enfer.*

Il fait chez lui avec beaucoup de succès & d'applaudissement des cours particuliers ou conférences sur la langue & la littérature françoise, en faveur d'un certain nombre de foufcripreurs.

Ces cours font ordinairement de quatre mois, trois jours de la femaine, mardi, jeudi & famedi.

DÉCLAMATION.

Plufieurs des plus célébres comédiens du roi donnent des leçons.

MM.	Mlles.
Sarrafin.	Dumefnil.
Grandval.	Clairon.
La Noue.	Gauffin.
Le Kain , &c.	Grandval , &c.

Maîtres particuliers qui vont donner des leçons en ville pour les langues.

MM.

Allemande. Cocceius, Saxon, *Quay des Moifondus , au bras d'or.*

Rhombius fils , *rue des Cordeliers.*

Marchand , *rue de la Harpe.*

MM.

Angloise.	Flint, *rue du Four*, près l'égoût.
	Berry, *rue saint Honoré à la Croix d'or, vis-à-vis les Charniers des Sts Innocens.*
	Rollet l'aîné, *rue saint Honoré, près la rue des Poulies chez le Notaire.*

Italienne.	Conti, *à l'Ecole militaire.*
	Bertera, *rue pot de fer.*
	Sapieni, *rue de la Harpe.*
	Cardinali, *au petit Luxembourg.*
	Fortunati, *au coin de la rue de Beaune.*

Espagnole.	L'Abbé Giron, *rue saint Dominique.*
	Bertera, *rue pot de fer.*
	Sapieni, *rue de la Harpe.*

On pourroit avoir recours aux interprètes employés à la bibliothéque du Roi, pour avoir des maîtres de toute sorte de langues.

Maître pour apprendre à parler aux muets.

M. Pereyra, Espagnol, *rue S. André des Arts.*

Les Journaux ont trop souvent parlé des succès de M. Pereyra, pour que nous osions ajouter ici notre suffrage : il parle plusieurs langues, comme l'Espagnol, le Portugais, le François, l'Italien, &c. & il forme ses éleves à entendre & à parler celle qui leur convient le mieux. Le Roi lui a accordé une pension.

MM.

Géographie & Histoire.   Philippe de Pretot, *rue de la Harpe.*
L'Abbé Geofroy, *rue de*
L'Abbé Antoine, *rue*
Le Blanc, *rue de Gesvres.*

M. Philippe, outre les leçons qu'il va donner en ville, fait tous les ans chez lui avec le même zèle & le même succès un cours général gratuit d'histoire & de géographie. Il y fait encore des cours parti-culiers pour un certain nombre de souscrip-

teurs qui connoiſſent l'utilité des leçons communes.

Il y a dans Paris pluſieurs maîtreſſes d'hiſtoire & de géographie, qui vont donner des leçons en ville à de jeunes demoiſelles : nous voudrions les connoître pour en parler.

Mad^{lle} Gracis prend chez elle de jeunes demoiſelles de l'âge de ſix ans, à raiſon de 600 livres de penſion par an, pour tout : & ces jeunes demoiſelles apprennent chez elle à lire, à écrire, à compter, les principes de la langue françoiſe, la muſique & le deſſein.

Elle demeure, *rue des vieux Auguſtins.*

Hiſtoire naturelle.

M. Bomard de Valmond, démonſtrateur d'hiſtoire naturelle, & membre de la ſociété littéraire de Clermont-Ferrand, s'eſt aſſujetti en faveur d'un certain nombre de ſouſcripteurs, de faire chez lui tous les ans deux cours d'hiſtoire naturelle ſur les minéraux, les végétaux, les animaux. A l'hôtel d'hollande, *vieille rue du temple.*

Le prix de la ſouſcription eſt de 72 liv.

pour chaque souscripteur pour le cours entier : on a la liberté de souscrire pour chaque genre en particulier.

Pour le régne minéral,   30 liv.
Pour le régne végétal,   24
Pour le régne animal,   18

	MM.
Mathématiques.	Clairaut le pere.
	De Moncarville, *rue de la vieille bouclerie.*
	Bezoul, *rue des Poulies.*
	Le Thuilier, *quai de la Megisserie*
	La Botiere, *rue des Maçons.*
	Roussel, *cloître S. Benoît.*
	Robert de Vaugondi, *quai des Morfondus.*
	L'Abbé de la Chapelle.
	L'Abbé de la Marre.
	L'Abbé Charlier, *rue de la Harpe*
	De la porte.
	Marais, &c.
Géométrie pratique.	Terrier, *rue de Poitou.*

Il fait chez-lui des cours de Géometrie pratique, qu'il annonce par des affiches.

Philofophie.   Aux colléges de l'Univerfité.

MM. les Profeffeurs de ces colléges fe font un plaifir d'indiquer des maîtres particuliers, ou des répétiteurs de Philofophie.

Physique expérimentale.	Au collége de Navarre. Le Roi a établi dans ce collége une chaire de physique expérimentale, la premiere & l'unique en France. Elle eft remplie par le célébre M. l'Abbé Nollet, de l'académie des fciences. M. l'Abbé Nollet fait auffi chez lui des cours particuliers, *aux galeries du Louvre.* M. Delor, *à l'eftrapade.*

Théologie.	Aux colléges de Navarre & de Sorbonne. 4 Profeffeurs au collége de Navarre. { 6 Profeffeurs, au collége de Sorbonne. 1 Profeffeur pour expliquer la bible en hebreu.

Droit.

Droit. *aux écoles de Droit.* { rue *S. Jean de Beauvais.* & *à la place de Cambray.*

6 Professeurs en Droit Romain.

1 Professeur de Droit françois.

12 Docteurs aggrégés.

On peut s'adresser aux Professeurs pour avoir des répétiteurs de Droit.

Médecine.　Aux écoles de la faculté, *rue de la Bucherie.*

Au collége royal, *place de Cambray.*

Il y a des professeurs pour la phisiologie, la pathologie, la pharmacie Galenique & chymique, la chirurgie en latin & en françois, la matiére médicale, un cours d'accouchemens, & deux cours d'anatomie.

Des docteurs de cette

I

faculté font tous les ans des cours de chymie & de botanique , *au jardin du roi.*

M. Demours, médecin oculiste, *rue saint André des Arts.*

Il donne chez-lui des consultations charitables le mercredi & le samedi matin.

Chirurgie.

Aux écoles de saint Côme, *rue des Cordeliers.*

2 Professeurs pour l'anatomie.

2 Professeurs pour les opérations.

2 Professeurs pour l'ostéologie.

2 Professeurs pour les principes de la chirurgie.

2 Professeurs pour les accouchemens.

1 Professeur pour la thérapeutique.

Outre les cours publics, tant de médecine que de chirurgie, de chymie & de botanique , il y a des médecins , des chirurgiens & des chymistes qui font chez eux des cours particuliers pour certaines parties.

MM.

Ferrein,
Petit, } font chez eux des cours particuliers pour certaines parties de la médecine.

Macquer,
Baumé, } font chez eux des cours de chymie, *rue S. Denys.*

Rouelle, *rue Jacob.*

M. Rouelle a formé chez lui un cabinet des mines d'Allemagne.

De la Planche, *rue de la monnoye.*

Plusieurs cours de chymie & de botanique au jardin des apothicaires. On les annonce par des affiches.

Cours particuliers d'anatomie faits par des maîtres en chirurgie.

MESSIEURS.

Verdier, *rue Mâcon.*
Süe, *rue de l'Arbre sec.*
Didier, *vieille rue de la Draperie.*
Barbaut, *isle saint Louis.*
Helie, &c. *près la Croix rouge.*

Cours d'accouchement.

Barbaut, *isle saint Louis.*
Levret, *rue des vieux Augustins.*

La communauté des maîtres en l'art & science de chirurgie de la ville de Paris est composée d'environ trois cents qui exercent dans la ville & dans les fauxbourgs. Il y en a plusieurs parmi eux qui se font dévoués principalement aux accouchemens, ou à quelqu'autre partie de l'art.

Experts reçus à saint Côme.

On reçoit à saint Côme les experts pour les yeux, ou oculistes : les experts hernieres ou pour les bandages : les experts pour les dents ou dentistes, & les sages-femmes.

Oculistes.

MESSIEURS.

Secours,	*rue Gervais Laurent.*
Beranger,	*place Dauphine*
Babelin,	*rue Grenelle saint Honoré.*
Besson,	*rue Montmartre.*
Desgendron,	*rue Tiltonne.*

Daviel, chirurgien ordinaire & oculiste du Roi,   *rue d'Argenteuil.*

Experts dentistes.

MESSIEURS.

Caperon,	*Place du vieux Louvre.*

Laudumiay,   quai Pelletier.
Fauchard,   rue des Cordeliers.
Flamand,   rue Dauphine.
Le Roux,   cimetiere saint Jean.
Senequier   rue de la Harpe.
Courtois,   rue des fossés saint Germain.
Bonnet,   rue saint Denys.
Thibaut absent.
Emart, absent.
Tubeuf,   pont Marie.
Madlle Calais, rue Grenelle saint Honoré.
Perria,   rue du Four saint Germain.
Barraud,   rue saint Honoré.
Dumas,   près la rue des Fondeurs.
Brocart,   près la barriere des Sergens.
Duchemin, rue des fossés saint Germain.
Le Roux II.   Cimetiere saint Jean.
Duverdier,   rue saint André des arts.
Bourdet,   rue de l'Arbre sec.
Foucou,   rue sainte Marguerite.
Hebert,   rue des fossés saint Germain.
Le Roy,   rue Grenelle saint Honoré.
Gaillard,   rue des fossés saint Germain.
Le Monier,   rue Fromentau.
Rougier, absent.
Lécluse,   rue du Four saint Eustache.
Barrusseau,   rue de la Jouaillerie.
Laveran, cloître S. Germain l'Auxerrois.
Boisy de Beausoleil, absent.
Fontaine, rue des fossés saint Germain.

I iij

Hallé de la Touche,   quay de l'Ecole.
Mad^{lle} Hervieux,   *rue Geoffroy l'Afnier.*
Quetiffant, *rue du Four faint Germain.*
Jourdain,   *pont faint Michel.*
Chardon,   *rue de la Draperie.*
Raffet,   *rue d'Argenteuil.*

Experts hernieres ou pour les bandages.

MESSIEURS.

De Lorme,   *quai Pelletier.*
Martine,   *quai de l'Horloge.*
Sorraiz - chirur-
  gien Efpagnol,   *rue Haute-feuille.*
Neillon,   *quai de la Megifferie.*
Charrain,   *rue des vieux Auguftins.*
Malapau- bou-
  caut.   *rue S. Severin.*
Mlle Guiton,   *rue du Four S. Honoré.*
Gerard,   *rue de Gévres.*
Tiphaine,   *rue des Prouvaires.*
Coufin,   *rue Comteffe d'Artois.*
Raguet,   *quai de la Megifferie.*
Mlle de Launay.   *rue des Sts Peres.*
Jean,   *rue S. Germain l'Auxer-*
              rois.
Geofroi,   *pavillon des 4 Nations.*
Lati,   *rue de la Harpe.*

Dugés,	*rue Monceau S. Gervais.*
Vialle,	*rue du Sépulcre.*
Bonhomme,	*rue Mâcon.*

Bains médecinaux.

M. Guerin, *rue des Jeûneurs.*

M. Guerin est l'inventeur d'une machine très - ingénieuse qui a mérité l'approbation la moins équivoque de la faculté de médecine & de l'académie royale de chirurgie pour administrer des bains médecinaux & les fumigations de toute espece pour la guérison des maladies douloureuses & croniques. Les *douches* des eaux minérales, naturelles ou artificielles, peuvent y être données en toute saison avec autant d'avantage qu'à la source même de ces eaux salutaires contre les paralysies, les rhumatismes, les douleurs de nerfs & les sciatiques. Les avantages de cette machine sont attestés aujourd'hui par l'expérience qu'en ont fait plusieurs malades du premier rang.

BEAUX ARTS.

Ecoles particuliéres publiques.

OUtre l'académie royale de peinture, sculpture & gravure, dont nous avons parlé plus haut, il y a encore à Paris deux autres écoles ou academies de peinture. L'une est à la manufacture royale des Gobelins, dirigée par les artistes, à qui le roi donne un logement dans l'hôtel royal des Gobelins, & qui sont pour l'ordinaire membres de l'académie royale.

L'autre est l'académie de saint Luc, entretenue par la communauté des maîtres peintres & sculpteurs de Paris, qui ont été réunis en 1613. Elle fut établie par le prévôt de Paris le 12 août 1391. Cette communauté occupe proche saint Denys de la chartre une maison où elle tient son bureau, & une academie publique administrée ainsi que l'académie royale, & où l'on distribue tous les ans trois prix de dessein aux éleves, *pont notre-Dame.*

Les écoliers peuvent y prendre leçon tous les jours après midi.

Une école d'architecture formé par M. Blondel de l'academie royale d'architecture, *rue de la Harpe.*

Cette école très utile, qui a été ouverte le 15 Juin 1754, est composée de professeurs pour toutes les parties de l'architecture tant civile, que militaire.

M. Dumont, architecte, tient chez lui une école d'architecture principalement pour l'architecture des ponts & chaussées, rue neuve saint Merri, *à l'hôtel de Jabac.*

Une école de musique pour la composition, pour la voix & pour toute sorte d'instrumens, formée par M. Dupuy des Bricettes, *rue Platriere.*

Maîtres particuliers de dessein & de peinture, de sculpture, & de gravure.

Nous sçavons que parmi les académiciens il y en a quelques-uns qui donnent des leçons chez eux.

Peintres académiciens.

M E S S I E U R S.

Galoche,	*aux galleries du Louvre.*
Restout,	*aux galleries du Louvre.*
Vanloo pour les pensionaires du roi, *place du vieux Louvre.*	
Pierre,	*rue du Hazard.*
Vien,	*au vieux Louvre.*

| Valadè, | cloître saint Honoré. |
| &c. | |

Pour la perspective.

| Leclair | aux Gobelins. |
| Challe, | rue Gaillon. |

Sculpteurs académiciens.

Pigalle,	aux galleries du Louvre.
Michel-Ange Slodtz,	rue des Canettes.
Adam l'aîné Adam cadet,	rue basse du Rempart.
Vassé,	au Louvre.
Falconet,	au Louvre.

Graveurs académiciens.

MESSIEURS.

Cars,	vis-à-vis le Plessis.
Audran,	aux Gobelins.
Moyreau,	rue des Mathurins.
Le Bas,	rue de la Harpe.
Surugue fils,	rue de Sorbonne.
Tardieu,	rue des Noyers.

Il y a dans Paris, pour ces trois parties, un très grand nombre de bons maîtres qui vont donner des leçons en ville, & qui ne sont point de l'académie. Nous voudrions bien les connoître, pour, en les indiquant, rendre à leurs talens la justice

qui leur est due , & nous nous ferions un
plaisir de rendre ce service aux personnes
qui peuvent en avoir besoin. Nous e pe-
rons que nous pourrons les satisfaire dans
l'édition qui suivra celle-ci.

| Architecture. | Nous renvoyons à l'aca-demie royale d'architec-ture, & à l'école de M. Blon-del dont nous avons parlé plus haut. |

M. Dumont , à l'hôtel de Jabac, *rue saint Merri.*

MESSIEURS.

| Ecriture. | D'autrep, *vis-à-vis saint Roch.* |
| Teneurs de Livres. | Henard , *rue des petits champs.* |

Rolin, *rue saint Martin.*

Rolland , *rue de la couture sainte Catherine.*

MUSIQUE.

COMPOSITEURS.

MESSIEURS.

Rameau.
Blamond , surintendant
Rebel , surintendant
Francœur, surintendant

de la musique du roi.

Mondonville, *maître de musique de la cha-*
pelle du roi.

Dauvergne, *maître de musique de la cham-*
bre du roi.

Lagarde, *ordinaire de la musique de la*
chambre du roi.

L'abbé Blanchard, *maître du musique de la*
chapelle du roi.

Myon, *maître de musique des enfans de*
France.

Breval, *maître de musique de la sainte*
Chapelle.

Goulet, *maître de musique de notre-Dame.*

L'abbé Bordier, *maître de musique des In-*
nocens.

Cordelet, *maître de musique de saint Ger-*
main l'Auxerrois.

MAITRES DE MUSIQUE.
MM.

Françoise. Chapotin, *rue Platriere.*
Chauvin,
David, *rue basse du Rem-*
part.
Dumas, *rue Montmartre ;*
près saint Eustache.
Dupuy, *rue Platriere.*
Fel, *rue saint Thomas du*
Louvre.
Feret, *rue.*

MM.

Iso, *près saint Roch.*

Le Menu,

Malvaux, *rue neuve saint Merri.*

Simon, le dessus, *Isle saint Louis.*

L'abbé Duchêne, *à notre Dame.*

Le public sçait que presque tous les musiciens de l'opéra & du concert spirituel enseignent la musique.

Italienne.   Canavas l'aîné, *au petit Luxembourg.*

Rutgi, *rue Platriere.*

MM.

Pour le goût du chant.   Myon, *rue du Four saint Germain.*

Berard, *rue Traversine.*

Lagarde, *rue de Richelieu.*

Naudet, *rue*

L'Abbé de la Croix, *à la sainte Chapelle.*

Godard, *rue*

Rochard, *rue du petit Lyon.*

MM.

Rameau.

Clavecin.   Daquin, *à saint Paul.*

Couprin , *à côté de saint Gervais.*

Clairambaut, *rue du Four saint Germain.*

Fourqueray , *rue*

Balbatre , *à côté des Capucines.*

Duphly , *rue de la Verrerie.*

Jolage , *rue du Temple.*

Simon , *rue Montmartre.*

Dubousset , *Isle saint Louis,*

Noblet , *rue Fromanteau.*

Foquet , *rue de Cleri.*

Laporte, *rue des Prouvaires.*

MAISTRESSES.

Mad. Veniéri , *ci devant,* Mlle de Mars , *rue saint Thomas du Louvre.*

Mlle Dubreuil , *rue saint Sauveur.*

Mad. Baudeu, *rue Honoré chevalier.*

Mad. Obter, *rue du Jardinet.*

Mad. Dupré , *cloître saint Benoît.*

Mad. Deusez, *rue du gros Chenet.*

Mad. Laporte, *rue des Prouvaires.*

Mad. Dupont, *au Couvent de la Roquette.*

Mad. Heriffé, *rue du petit Lyon.*

Tous les organiftes enfeignent à jouer du clavecin.

MM.

Guitarre.   Rodrigue, *place Vendôme.*
Berard, *rue Traverfine.*
Lagarde, *rue de Richelieu.*
Paifible, *aux écuries d'Orleans.*
Mlle Louvet, *rue Montmartre.*

Mandoline.   Sody, *près la comédie Italienne.*

Califfoncini.   Merchi, l'aîné, *rue*
Merchi, cadet, *rue Fromanteau.*

Harpe.   Keipher, *aux Quinzevingts.*

Violon & par deffus de viole.   Gavinier, *rue faint Thomas du Louvre.*
Pagin, *à l'Abbaye.*
Cupis, *à côté de la rue d'Antin.*

Canavas l'aîné, *au petit Luxembourg.*

Leclerc, *près la croix du Trahoir.*

Venieri, *rue saint Thomas du Louvre.*

Labbé, fils, *rue sainte Anne.*

Le Roi, *rue saint Thomas du Louvre.*

Dupont, *près la croix du Trahoir.*

Louvet, fils, *rue Montmartre.*

Aubert, *près le Grand-Conseil.*

Miroglio, *cour du grand Cerf.*

Par deſſus de viole.

Salantin, pere, *rue*
Salantin, fils, *rue*
Daquay, *rue ville-l'Evêque.*
Doublet, *rue sainte Anne.*

MAISTRESSES

Du par-deſſus de viole.

Mlle Levy, *rue des Prouvaires.*

Mad. Dupont, *rue*
Mad. la Roche, *rue Fromanteau.*

MM.

Violoncello.	Patoir, *rue*
	Canavas cadet, *rue faint Roch.*
	Talon, *rue*
	Labbé cadet, *rue des Boucheries.*
	Girault, *rue*
	Baur, *rue Platriere.*
	Le Breton, *rue aux Fers.*
	Anteaume, *rue des 2 Ecus.*
	Berard fils, *rue Traverfine.*
	Cupis le jeune, *rue de Bourbon.*

MM.

Contrebaffe.	Janotti, *rue*
	Auberti, *rue Jean faint Denys.*
	Gauffé, *chez M. de la Popliniere.*
	Dargent, *chez le prince Grimberg.*

MM.

Baffon.	Blaife, *à la Comédie Italienne.*
	Brunel, *rue de l'Arbre fec.*
	Garnier, *près la croix du Trahoir.*
	Bralle, *rue Fromanteau.*
	Dard, *rue des deux Écus.*

	Morel, *rue*
	Bertaut pere, (*à l'hôtel des*
	Bertaut fils, ⟨ *Mousquetai-*
	res gris.

Flutte & Haut- bois.	Blavet, *à l'Abbaye.*
	Taillard, *rue des Lavan-* *dieres.*
	Despréaux, *rue Mauconseil.*
	Monnot, *dans l'Isle.*
	Salantin, *rue Fromanteau.*
	Atis, *aux Invalides.*
	Raux, *au caffé Dupuy.*
	Dard, *près le Palais-Royal.*
	Ruleau, *rue des deux Ecus.*
	Le Brun, *rue*

Messieurs.

Musette.	Charpantier, *rue saint Mar-* *tin.*
	Chedeville l'aîné, *rue de* *l'Arbre sec.*
	Chedeville cadet, *rue Co-* *quilliere.*
	Belleville, *rue*

Vielle.	Dangui l'aîné, *rue Bourg-* *labbé.*
	Ravet, *rué Troussevache.*
	Baton, *quai des Orphevres.*

| Trompette. | Carraffe, cadet, *près saint*
Roch. |

La Pierre, *aux Invalides.*
Ambezard, *au Marché neuf.*

Trompette marine. . . . . .

Cors de chaſ-   Hébert, *petite rue ſaint Jean*
ſe.   *de Beauvais.*
                Peria, *rue.*
                Slamitz, *rue du Chantre.*
                Grillet, *rue des Prêtres.*

                Carlin ,   *croix   des   petits*
                    champs.
                Raoux, *rue Tiſtonne.*

*Ces deux derniers & peut-être pluſieurs
autres dans Paris fabriquent les cors de
chaſſe, & enſeignent à ſonner les fanfares &
les autres airs de chaſſe.*

Timbales.   Vincent, *aux Invalides.*
                Carrafe l'aîné , *près ſaint*
                    Roch.

Tambourin   Ménage , *aux écuries du*
de Baſque, &   *Roi.*
Tambourin   Marchand , *près les Peres*
Provençal.   *de l'Oratoire.*
                Le Tambourin de la Comé-
                    die Italienne.

Orgue.   Les mêmes maîtres que
pour le clavecin.

FACTEURS D'ORGUES.

*Dans la communauté des maîtres luthiers,
faiseurs d'instrumens de musique, il y en a
dix qui font des orgues : nous avons cru
devoir en donner la liste.*

MM.
Colard, *rue Moussetard.*
Cliquot, *rue saint Martin.*
Somer pere, *rue S. Jacques.*
Bessard, *rue des trois Ca-
nettes.*
Regnault, *rue Galande.*
Ferrand, *rue saint Martin.*
Richard*, *rue de Richelieu.*
Somer, fils, *rue S. Jacques.*
Cliquot, fils, *rue S. Martin.*
Angot, *rue des fossés saint
Victor.*

* M. Richard habile méchanicien connu par
plusieurs machines hydrauliques a obtenu un
attelier à la bibliothéque du roi, où il a établi
ses ouvriers pour la construction de ses ouvrages : il fait des sérinettes. C'est lui qui d'après
les idées & les ordres de monsieur le comte
de saint Florentin, a exécuté ce merveilleux ouvrage de méchanique, qu'on voit dans un cabi-

BIBLIOTHÉQUES

PUBLIQUES,

Et les jours qu'elles font ouvertes.

LA bibliotheque du roi,   *mardi,*
vendredi.
Ses vacances font les mêmes
que celles des Academies.

La bibliotheque faint Victor,   *lundi,*
mercredi,
famedi.

Ses vacances font depuis le
1 5 août jufqu'à la faint Luc.

La bibliotheque du college ,   *lundi,*
Mazarin ,   *jeudi.*

net de l'hôtel de ce miniftre. On admire dans
cette machine une figure d'enfant qui joue
plufieurs airs de flutte avec la plus grande préci-
fion : cet acteur authomate eft accompagné par
deux oifeaux auffi authomates perchés fur des
branches , qui exécutent leurs parties avec un
mouvement de bec , fi parfait , qu'on diftingue
les tons pleins des femi tons : une baffe continue d'orgue foûtient les trois parties.

Vacances depuis le premier août jusqu'à la Touſſaints.

La bibliotheque des Peres de la doctrine chretienne, *mardi, vendredi.*

Vacances depuis la ſaint Barthelemy juſqu'au mardi d'après la ſaint Charles.

La bibliotheque des avocats pour les conférences de doctrine, *mardi.*

Pour les conſultations de charité. *ſamedi.*

La bibliotheque de la faculté de médecine, *jeudi.*

La bibliotheque de ſaint Germain des prés.

Elle eſt publique de droit un jour de la ſemaine, depuis que cette maiſon a hérité de la bibliotheque du cardinal de Gévres : mais on l'ouvre tous les jours a 9 heures juſqu'à 11. & l'après midi à trois heures juſqu'à cinq.

BIBLIOTHÉQUES PARTICULIÉRES.

Ces bibliotheques ne ſont point ouvertes de droit, mais les bibliothecaires ſe font presque par-tout un plaisir de les ouvrir aux gens de lettres qui se présentent.

La bibliotheque de sainte Géneviéve.

On peut la voir tous les jours hors le tems des vacances en s'adressant au R. P. Pingré bibliothecaire.

La bibliotheque de Sorbonne.
La bibliotheque de Navarre.
La bibliotheque du college des Jésuites.
La bibliotheque de la maison professe des Jésuites.
La bibliotheque des Célestins.
La bibliotheque des Augustins.
La bibliotheque de l'hôtel de Soubise.
La bibliotheque du Seminaire de saint Sulpice.
La bibliotheque des Jacobins, *rue saint Jacques.*

Elle est très considerable depuis que l'ordre a hérité de la bibliotheque de M. le duc d'Orleans.

La bibliotheque des Jacobins, *rue saint Honoré.*
La bibliotheque des Petits-Peres.

Cette bibliotheque possede une collection complette de tous les journaux.

La bibliotheque des Prêtres de l'Oratoire, *rue saint Honoré.*

La bibliotheque des Carmes Déchauffés.

Il n'y a gueres de couvent qui n'ait une bibliotheque, méme affez confidérable : on fe fait par-tout un plaifir de les ouvrir.

Il y a dans Paris un très grand nombre de bibliotheques particuliéres qui mériteroient fans doute d'être infcrites au rang des plus belles & des plus rares collections de livres tant par le nombre de volumes que par le choix des ouvrages & des éditions qui les compofent. Un état de ces bibliotheques feroit connoître ce fonds de richeffes de cette capitale, fur lequel les yeux de fes habitans ne s'arrêtent qu'en paffant parce qu'on eft peu occupé de ce qu'on poffede : telles font plufieurs bibliotheques de médecine appartenantes à des médecins &c.

La bibliotheque de M. Falconet.
La bibliotheque de M. Aftruc.
La bibliotheque de M. de Juffieu.
La bibliotheque de M. de la Virotte.

La bibliotheque de M. Floncel cenfeur royal de l'academie des Arcades de Rome: elle eft compofée d'environ fept mille volumes Italiens : cette collection eft unique en ce genre dans Paris.

Cabinets

*Cabinets de tableaux, d'hiftoire naturelle,
de médaille , d'antiques , & d'autres
curiofités.*

NOus ne connoiffons point dans l'Europe de plus beau cabinet d'hiftoire naturelle que le cabinet du jardin du Roi, fous la garde de Mrs de Buffon & d'Aubanton ; ni de plus belle collection de tableaux que celle des tableaux de fa Majefté , qui comprend plus de 18 cents tableaux des plus fameux Maîtres , & dont on peut voir une partie au palais de Luxembourg *le mercredi & le famedi.*

Le cabinet des deffeins du Roi, fous la garde de M. Cochin fecretaire & hiftoriographe de l'academie de peinture , *aux galleries du Louvre.*

C'eft une collection très-confidérable des deffeins des grands peintres tant anciens que modernes.

Le magnifique cabinet du Roi pour les médailles & antiques , fous la garde de M. l'abbé Barthelemy de l'academie royale des Belles - Lettres , *à la bibliotheque du Roi.*

K

On y voit auſſi une très-belle collection d'eſtampes.

Le cabinet de monſeigneur le duc d'Orleans renferme une collection de tableaux des plus curieuſes, & des plus riches de l'Europe.

Le cabinet de ce prince pour les médailles & les pierres gravées ſous la garde de M. l'abbé Bellay de l'académie royale des Belles-Lettres, *au Palais-Royal.*

Un cabinet d'hiſtoire naturelle, ſingulier pour la minéralogie, ſous la direction de M. Guettard médecin de monſeigneur le duc d'Orleans.

Les mines y ſont en très-grand nombre ; les matiéres qui accompagnent ces mines, de toutes les eſpeces : les matiéres rejettées par les volcans dans pluſieurs parties de l'Europe & des Indes y ſont conſervées : la collection des corps marins foſſiles eſt immenſe, & elle renferme des morceaux particuliers : des terres & des pierres de toutes eſpeces : une ſuite rare de granites de France. Parmi les animaux, on y diſtingue le poiſſon Sçie le plus grand qui ſoit à Paris : & parmi les inſectes celui que les Hottentots adorent comme une divinité,

Cabinets de tableaux.

Le cabinet de monsieur le baron de Thiers, *place Vendôme.*

Le cabinet de monsieur Julienne, *aux Gobelins.*

Le cabinet de monsieur Blondel de Gagny, *place Vendôme.*

Le cabinet de monsieur le comte de Vance, *porte saint Honoré.*

Le cabinet de monsieur le marquis de Voyer.

Le cabinet de monsieur Dazincourt, *rue notre-Dame de Nazareth.*

Le cabinet de monsieur le comte de Salvert, *rue Françoise.*

Le cabinet de monsieur de la Live, introducteur des ambassadeurs, *vis-à-vis les Feuillans.*

Cette collection est d'autant plus curieuse que monsieur de la Live, amateur éclairé qui pratique l'art, n'a cherché en bon citoyen, qu'à honnorer par une distinction toute nouvelle les fameux peintres & sculpteurs que la France a produits : il n'a épargné ni soins, ni dépense pour rassembler des chefs-d'œuvre des maîtres François les plus célébres, dont il a composé son principal cabinet.

Le cabinet de monfieur le duc de Chevreufe.

Le cabinet de monfieur le duc de faint Agnan.

Le cabinet de monfieur le marquis de Choifeul.

Le cabinet de monfieur de Montulé.

Le cabinet de monfieur de Gaignat.

Le cabinet de monfieur Pagnon.

Le cabinet de monfieur le marquis de Laffay.

Le cabinet de monfieur Bourret.

Le cabinet de monfieur Proufteau.

Le cabinet de monfieur Lempereur.

Le cabinet de monfieur le chevalier Menabuoni.

Il a des tableaux, des bronzes, antiques & modernes, des eftampes, des deffeins, & des médailles.

Le cabinet de monfieur Titon du Tillet, pour les tableaux, les bronzes & les buftes en marbre, *rue Montreuil, fauxbourg faint Antoine.*

Les gens de lettres, les curieux, les amateurs des beaux arts connoiffent le parnaffe françois de monfieur Titon du Til-

let, dont il est lui-même l'architecte , &
qu'il a fait executer en bronze à la gloire
de la France, de Louis le grand, & des
plus célébres poëtes & muficiens depuis
François I. Ce monument de fon goût, de
fon zéle pour les arts préfente , fur une
montagne ifolée, feize figures principales,
[ce font les auteurs les plus célébres du
dernier fiécle] & plufieurs génies portant
les médaillons des auteurs moins fameux.
Louis XIV. eft à la place d'Apollon, &
femble les infpirer tous par fa protection.
Les illuftres De la Suze, des Houliéres &
Scudery y font placées à leur rang.

Le cabinet de madame la préfidente de
Bandeville. Très-curieux en hiftoire naturelle & principalement en oifeaux, & encore plus particuliérement en coquilles
dont la collection eft une des plus com-
plettes & des mieux choifies , on y voit
les coquilles les plus rares, comme la Scalata, la pourpre, qu'no appelle le radix à ra-
mages noirs, & autres femblables, *quai des
Théatins.*

Le cabinet de monfieur le duc de Sully , pour l'hiftoire naturelle & les antiquités , *à l'hôtel de Sully.*

Le cabinet de monfieur le comte de
Caylus, *à l'orangerie.*

Ce cabinet est d'autant plus précieux, qu'il fournit à monsieur le comte de Caylus l'occasion de ces ouvrages célébres dont il enrichit tous les jours la littérature françoise.

Le cabinet de feu monsieur de Réaumur.

Ce cabinet a été donné à l'académie-royale des sciences : c'est un des plus considérables que nous connoissions en oiseaux, reptiles, insectes, minéralogie, & autres parties de l'histoire naturelle. Il a été transporté au jardin royal par ordre du roi.

Le cabinet de feu monsieur d'Ons-en-Bray. Il a été aussi donné à l'académie-royale des sciences : il est riche en machines de toutes espéces : on y admire une pépite d'or d'environ 10 à 12 mille francs, valeur intrinséque, qui a été trouvée dans les mines du Potosy.

Le cabinet de monsieur le duc de Chaunes pour les machines & l'histoire naturelle : on y voit une belle Scalata, & une Agathe taillée en forme d'œuf qui renferme dans son intérieur une goutte d'eau très-grosse, *à l'hôtel de Chaunes.*

Le cabinet de sainte Geneviéve, pour l'histoire naturelle, pour les médailles & antiques de toutes les especes : il y a une collection de vases étrusques, peut-être de celles qui existent, la plus précieuse par le nombre, la beauté, & la perfection de ces vafes. Ce cabinet a été enrichi des médailles de feu monfeigneur le duc d'Orleans, dont il y en a 800 en or.

Le cabinet de monfieur le marquis de Courtanvaux, pour l'hiftoire naturelle, *rue de Richelieu.*

Le cabinet de monfieur d'Argenville, pour l'hiftoire naturelle, deffeins, eftampes & tableaux, *rue du Temple.*

Le cabinet de monfieur d'Azencourt, pour l'hiftoire naturelle, *rue N. D. de Nazareth.*

Le cabinet des Petits-Peres, pour l'hiftoire naturelle, les médailles & les antiques.

Le cabinet des Benedictins de l'abbaye, pour l'hiftoire naturelle, les médailles & les antiques, & pour des divinités indiennes dont la collection eft confidérable.

Le cabinet de monfieur d'Avila, pour l'hiftoire naturelle, *rue des petits Champs.*

On y voit un riche & magnifique coquillier, une grande fuite de pierres précieufes & d'agathes arborifées, une collection de mines & de minéraux des plus riches & des plus fçavantes : plufieurs morceaux de coraux, madrepores & autres corps de cette efpece : plufieurs fortes de cerveaux & de champignons, dont un eft par fa grandeur dans toutes les dimenfions, au deffus de tout ce que l'on a vû dans ce genre : une fuite de cryftaux en tout genre, & le

K iv

magnifique vase de cryftal de roche, qui a appartenu au grand Dauphin.

Le cabinet de madame de Boisjourdain, pour l'hiftoire naturelle, *rue faint Marc.*

Ce cabinet eft des plus intéreffants : on y voit des madrepores exquis, des coraux de toute couleur, des mines bien choifies, des cryftaux des plus variés : un morceau de *flos ferri*, fleur de fer, des plus beaux & des plus élegants pour la forme : un co-quillier diftingué fur tout par un amiral unique, (c'eft un amiral de Guinée :) une collection choifie de corps marins foffiles : une autre d'habillemens Américains, dont plufieurs font finguliers pour la matiére dont ils font faits &c.

Le cabinet de monfieur le chevalier Tur-got, pour l'hiftoire naturelle, *rue Porte-foin.*

Le cabinet des Céleftins, pour l'hiftoire naturelle & autres curiofités.

Le cabinet de monfieur le baron d'Ol-bac, pour l'hiftoire naturelle, fur tout pour une collection abondante de mines & de minéraux d'Allemagne.

Le cabinet de monfieur Savalette de Bu-chelay, pour l'hiftoire naturelle, *près les Feuillans.*

Le cabinet de monfieur de Juffieu, pour l'hiftoire naturelle, *rue des Bernardins.*

Le cabinet de monsieur Duhamel de Mon-
ceau, pour l'histoire naturelle, dont la
principale partie est une belle suite de coraux, madrepores & autres corps marins
de cette nature,   *isle saint Louis.*

Son cabinet de marine,   *au Louvre.*

Ce cabinet de marine est composé d'un
modéle de presque tous les vaisseaux, bar-
ques, brigantins, galeres, galiottes à bom-
bes, &c. avec leurs agrêts : les parties des
principaux de | ces vaisseaux séparées, des
coupes pour en faire voir la construction
intérieure : des formes de bassins de construction & de lancement de vaisseau : des
machines pour écurer les ports, pour cour-
ber les bois, & autres semblables qui ont
rapport à la marine.

M. de la Reyniere, outre une petite collection de tableaux de fameux maîtres, est
possesseur d'un vaisseau en petit de 70 piéces de canon, armé & équipé de toutes
piéces, qui passe pour un chef-d'œuvre pour
les proportions, & pour la perfection de la
construction.

Le cabinet du séminaire de saint Sulpice,
pour les estampes, & pour l'histoire naturelle, remarquable sur tout par un man-
drepore des mieux conservés, le plus grand
& le plus beau de cette espéce qui soit à
Paris.

K 2

Le cabinet de M. l'abbé Gourbout, pour l'hiſtoire naturelle,　　*iſle ſaint Louis.*

Le cabinet de M. l'abbé Aubry, pour les oiſeaux,　　*près ſaint Euſtache.*

Cette grande collection eſt une des plus belles de Paris, par la rareté & la beauté de ces animaux, & par l'adreſſe avec laquelle ils ſont ajuſtés : ils ſont preſque tous des pays étrangers.

Le cabinet de M. Bomare de Valmont, démonſtrateur d'hiſtoire naturelle, *vieille rue du Temple.*

Ce cabinet comprend les minéraux, les végétaux, les animaux, & quelques productions, tant de la nature que de l'art : & cette collection réunit le double avantage de pouvoir amuſer les curieux inſtruits, & d'être utile aux autres.

———————

Le cabinet du collége des Jéſuites, pour les antiques.

Le cabinet de la maiſon profeſſe des Jéſuites, pour les médailles.

Le cabinet de M. Pellerin, pour les médailles.

Le cabinet de M. d'Ennery, pour les médil

Le cabinet de M. de Cleves, pour les médailles.

Le cabinet de M. Duvau, pour les médailles.

Le cabinet de M. Adam, l'aîné, pour
les antiques.

Le cabinet de monfieur Mariette, pour
les livres d'art, les eſtampes, & les deſſeins
des grands maîtres.

Aux Minimes de la place royale, on
admire dans l'une des galeries, au-deſſus
du cloître, deux morceaux d'optique très-
curieux : l'un eſt la Magdeleine en contem-
plation dans une grotte ; l'autre, ſaint Jean
l'évangeliſte écrivant ſon apocalypſe dans
l'iſle de Pathmos.

L'ARSENAL.

L'Arſenal contient un magaſin d'armes
très-conſidérable, & des armures de
chevalerie, d'autant plus curieuſes, qu'elles
ſont fort anciennes, & qu'elles y ſont tenues
dans un ordre & une propreté admirables.

K vj

LE GARDE-MEUBLE

DE LA COURONNE.

LE garde-meuble de la couronne, ci-devant situé au coin de la rue des Poulies , dans une vieille maison autrefois nommée l'hôtel du petit bourbon, parce que les princes de cette maison y avoient demeuré, la démolition de cette maison ayant été ordonnée, le garde-meuble a été transferé au mois de Mars 1758 , en l'hôtel de Conti, près le collége des quatre nations : c'est le magasin général des précieux meubles de la couronne.

L'on y voit une prodigieuse quantité de très-riches tapisseries anciennes & nouvelles, dont les plus belles, les plus estimées, ont été faites sous le régne de François premier. De ce nombre sont les batailles du grand Scipion, contenant 120 années de cours en 22 piéces , sur 4 aunes de haut, que François premier acheta vingt-deux mille écus, des ouvriers Flamans, au rapport de Brantôme dans la vie de ce Roi. Cette tapisserie est sur les desseins de Jules Romain, ainsi que l'histoire de saint Paul, qui coûta à peu-

près la même somme. Celles d'après les deffeins de Raphaël, font l'histoire de Josué,
de quarante-trois aunes de cours, en huit
piéces : la fable de Pfiché, en cent six aunes;
& les actes des Apôtres, en dix piéces de cin-
quante-trois aunes.

Il y a plusieurs tentures, d'après les car-
tons d'Albert, Duré, & de Lucas son con-
temporain.

On estime fort de ce dernier les douze
mois de l'année, de trente-sept aunes de
cours. Elle représente les chasses de toutes
les saisons, & c'est d'un travail admirable, & d'une variété infinie. Cette magnifique tapisserie a long-tems appartenu à la
maison de Guise.

Les sept âges, en vingt-deux aunes, font
aussi du même Lucas, & ne font pas d'une
moindre beauté, ainsi que plusieurs autres
de divers anciens maîtres.

Le Roi Louis XIV en a fait fabriquer une
très-grande quantité aux Gobelins, fous la
conduite & fur les desseins de Le Brun,
dont la plûpart font rehaussées d'or & d'argent : entr'autres, l'histoire des principaux
événemens de son régne, en seize piéces,
contenant environ cent aunes de cours,
fur quatre aunes de haut.

Louis XV a continué auffi un bel établiffement, & a fait fabriquer aux Gobelins
plufieurs belles tapifferies repréfentant plufieurs fujets de l'ancien teftament, en huit
piéces, d'après les deffeins de Coypel ; quelques fujets du nouveau teftament, en fept
piéces, d'après Jouvenel : l'hiftoire d'Efther,
en neuf piéces, d'après M. de Troy : divers fujets de chaffe, en neuf piéces, d'après
Oudry ; & plufieurs fujets de l'hiftoire de
Don Guichotte, d'après Coypel fils.

L'aunage de ces riches tapifferies monte environ à vingt-quatre mille aunes.

Il y a auffi plufieurs tapis de la célébre
manufacture de la *Savonerie*, qui font d'une
grande beauté : on admire principalement
celui qui étoit deftiné pour la grande galerie du Louvre : il eft en quatre-vingt-
douze piéces, contenant enfemble deux cens
vingt-fept toifes de long, ouvrage unique
dans fon genre.

Après ces belles tapifferies, viennent les
riches broderies anciennes & nouvelles,
comme des lits, des tentures de chambre
& d'alcoves, qui ont appartenu aux rois
François premier, & Henri II, dont les car-
touches en foye platte ont été deffinées par
les premiers maîtres du tems : un man-
teau de velours violet femé de fleurs d'or ;

qui a servi au roi Henri III, pour la premiere cérémonie de l'ordre du saint Esprit, dont il a été l'instituteur; & des caparaçons pour trente mulets, faits pour son mariage : des piéces détachées très-riches, qui viennent d'un nommé *Hincelin*, où il est lui-même représenté.

Un lit à fond d'argent, où l'on voit tous les rois & les reines de France, avec les princes & les princesses du sang, en habits de leur tems, le tout en broderie exécutée à saint Joseph.

Un autre lit, dont l'ouvrage est unique pour la richesse, d'une broderie rehaussée de quantité de perles d'un très-grand prix. Ce lit a été donné à Louis XIV, par mademoiselle Marie de Lorraine, duchesse de Guise, par son testament du 2 Mars 1688. Le lit appellé le lit *du sacre*, parce qu'il sert à la reine au sacre des rois : il est tout de broderie fond d'or à grains d'or, avec cartouche & tableaux rehaussés d'or. Il représente plusieurs sujets de l'histoire de Moïse, d'après les desseins de Raphaël. Ce riche ameublement, le plus beau qu'il y ait en Europe, a été fait par les ordres de François premier.

Les langes envoyés par le Pape Benoît XIII pour monsieur le Dauphin. Ils sont de broderie d'or en plei sur fond de toile d'argent trait.

On montre quelquefois la chapelle d'or donnée par le cardinal de Richelieu par contrat du premier Juin 1636, composée d'une croix, deux chandeliers, un calice & sa patene, deux burettes, un ciboire, un goupillon, une figure de la Vierge, & une figure de saint Louis, pesant soixante-quatorze marcs, & garnie de neuf mille treize diamans, & de deux cens vingt quatre rubis.

Et la nef d'or du roi, servant dans les grandes cérémonies : elle pese cent six marcs, & est enrichie de diamans & de rubis : c'est un ouvrage de Ballin, célébre orfévre.

Dans une chambre particuliere, on conserve quantité d'anciennes armes, entre lesquelles il en est aussi d'étrangères. On distingue particuliérement l'armure que le roi François premier portoit à la fameuse journée de Pavie. Elle est de fer poli, cizelée en relief de demi-ronde bosse, de divers sujets de l'histoire de Pompée, rainceaux & animaux sur les desseins de Jules Romain : cette armure est la plus curieuse qu'il y ait en Europe, tant par sa légereté, que par la beauté des gravures & des desseins.

L'armure de Philippe de Valois, de fer bruni, enrichie de larges bandes d'or damasquiné.

Celle du roi Henri II, qu'il portoit lorſqu'il fut bleſſé par le comte de Mongo-
meri dans le malheureux Tournois de la
rue ſaint Antoine.

Les armures d'Henri IV & de Louis XIII,
une dont la république de Veniſe a fait
préſent à Louis XIV, enrichie de gravures
ſoigneuſement travaillées, & repréſentant
douze villes priſes en Flandres par ſa Majeſté.

Et une que la ville de Paris eut l'honneur de préſenter à Monſeigneur, lorſqu'il
étoit ſeulement âgé de dix ans.

L'épée de bataille d'Henri IV, dont le
pommeau eſt formé par une tête d'aigle
d'argent.

Celle d'Henri III, avant qu'il fût nommé roi de Pologne.

Enfin, celle de Caſimir, V. du nom, roi
de Pologne, mort à Nevers le 14 Décembre 1672. La lame eſt gravée en allemand
du calandrier.

On ne doit pas oublier une partie des
préſens préſentés au Roi à Verſailles, le 11
Janvier 1742, au nom du grand Seigneur,
par *Saïd Mchemet*, ambaſſadeur extraordinaire de la Porte ; ils ſont conſervés avec
ſoin dans une des amoires du garde-meuble.

Ils conſiſtent entr'autres dans deux caparaçons de cheval, l'un de drap écarlate,

deſſein arabeſque, brodé or , argent & ſoye: l'autre, auſſi de drap écarlate de forme irréguliere , brodé & enrichi de pierres & de perles fines : une ſelle de velours cramoiſi , brodée or & argent: le pommeau & l'arçon garnis de vermeil, enrichi de topaſes , éméraudes , petits diamans & autres pierres précieuſes. Un poitrail enrichi d'or émaillé de différentes couleurs , & d'eſpace en eſpace, de diamans roſes de pluſieurs groſſeurs.

Deux étriers, deux piſtolets, deux fontes de piſtolets , une têtiere , un cartouche , & une poire à poudre, le tout parti de vermeil & or émaillé, & garni de pierreries : pluſieurs carcois , fuſils & piſtolets garnis d'or.

Enfin, on conſerve dans deux grandes armoires artiſtement ajuſtées , diverſes piéces & vaſes d'agathes, jaſpes, lapis, amétiſtes, cryſtal de roche & autres pierres fines , enrichis d'or & de pierreries. Ces morceaux précieux étoient autrefois placés dans la petite galerie, & dans le cabinet des médailles à Verſailles.

On peut conſidérer le garde-meuble de la couronne , comme un tréſor de richeſſes & de curioſités : tout y eſt précieux & magnifique : tout y eſt entretenu & conſervé avec le plus grand ſoin, & dans un ordre admirable. Il y a long-tems que le

public connoît l'attention & le noble dé-
sintéressement, avec lesquels ce précieux
dépôt, ce magasin royal est ordonné & ad-
ministré.

Monsieur de Fontanieu, conseiller d'état
ordinaire, intendant & contrôleur général
des meubles de la couronne.

Monsieur de Fontanieu le fils, ancien
capitaine de cavalerie, chevalier de l'ordre
militaire de saint Louis, en survivance.

M. Genti, garde général des meubles de
la couronne, & garde particulier des château de Compiégne & de Fontainebleau.

M. Duruisseau, premier commis du garde-meuble.

M. Peyrot, peintre & dessinateur du garde-meuble, par brevet du roi, *rue saint
Claude, porte saint Denys.*

JARDINS DE BOTANIQUES ET DE FLEURS.

Serres chaudes où l'on éleve des plantes, des fleurs, & des fruits de toute espéce, dans toutes les saisons de l'année, &c.

LES SERRES DU ROI.

A Versailles.   A Choisy.
A Trianon.   A Bellevuë.
Les serres de l'hermitage, &c.

Les serres du jardin du roi, *rue saint Victor.*

Ce jardin consacré à l'utilité publique est un des plus riches de l'Europe, en plantes de tous les pays du monde : tout y annonce la magnificence royale. L'école, vaste par son étenduë, renferme quatre à cinq mille plantes rangées systématiquement. Le parterre dessiné d'une grande maniere est rempli des mêmes plantes, mais répandues sans ordre bien marqué, & plutôt selon les régles du coup d'œil & de l'agrément, que selon celles de la science botanique. Un labyrinte formé sur une butte est planté d'arbres verds & d'arbustes étrangers : & tout près est un petit bois d'arbres pareils, qui, par leur ensemble & leur variété, présentent à la vuë une verdure agréable dans le tems où la nature en a dépouillé tous les autres.

Les serres placées en bas du labyrinte dominent sur tout le jardin : leur forme élégante & agréable en fait un bel ornement. Il faut les voir, lorsque toutes les plantes y sont replacées. Les arbrisseaux, les plantes grasses, cette multitude d'aloës, de cierges, de raquettes, &c. surprennent & étonnent la vuë. Enfin on peut dire que le jardin royal est magnifique à plusieurs égards ; & il le sera encore plus, lorsque les travaux commencés pour son aggrandissement & son embellissement seront achevés.

Le jardin & les serres de M. Bombarde, à côté du Luxembourg.

Ce jardin considérable par son étenduë renferme des bosquets séparés, plantés d'arbres à fleurs, d'arbres étrangers : une école de botanique riche, & toute sorte de plantes. Les serres sont très-bien bâties, d'un goût singulier, grandes, bien distribuées, & riches également en plantes. Elles sont accompagnées de couches pour les semailles, placées de façon à ne pas faire disparat dans le jardin.

Le jardin & les serres de M. Chomel médecin, vis-à-vis le jardin de M. Bombarde.

Ce jardin a quelque chose d'élégant qui plaît & prévient en sa faveur dès l'entrée. Il est en face de cette entrée, terminé par une grille qui laisse un libre cours à la vuë pour s'étendre au loin dans la campagne. Une partie de ce jardin, (& c'est celle qui est du côté de l'entrée) est destinée pour les fleurs, elles y succédent les unes aux autres. L'autre partie forme un jardin de botanique assez riche. Les serres tiennent de l'élégance du jardin ; elles font en belle position, présentent une grande surface presque toute en vitres : elles sont remplies d'un grand nombre de plantes belles & rares.

Le jardin de M. le marquis de Gouverné,   *rue de Vaugirard.*

Ce jardin est précieux pour les plantes bulbeuses, les œillets & autres. Où voit-on de plus belles tulipes, de plus belles semidoubles, de plus beaux œillets &c ?

Le jardin & les serres de M. Gencin. Ce jardin est digne de la curiosité des amateurs pour les fleurs & les arbres à fleurs. Les fleurs y sont plantées en corbeilles. Ces corbeilles varient selon les saisons. Les arbres y sont en massif : il y a de ces massifs qui ne sont que de roses : d'autres de jassemins : d'autres de lilacs : d'autres de chevrefeuille. Rien n'eſt plus flatteur pour la vuë ; & l'odorat y eſt enchanté.

Le jardin & les ſerres de Monſieur l'abbé Nollin, chanoine de ſaint Marcel *dans le Cloître.*

On voit dans ce jardin des arbres étrangers, beaucoup de ceux qui entrent dans les jardins d'agrément : beaucoup de ceux qui ſont panachés, & qui, par la variété de leurs couleurs, parent ſi agréablement les boſquets & les treillages. Les plantes bulbeuſes, printanieres & autres, ſont des plus variées. Les ſerres y ſont ornées de plantes ſinguliéres des pays chauds, & ſur-tout de celles qui par l'odeur & la beauté de leurs fleurs peuvent attirer l'attention des curieux,

Le jardin des Apothicaires, *rue de l'Arbalêtre.*

Ce jardin eſt plus pour l'utilité que pour l'apparat. Il renferme principalement les plantes uſuelles, ou qui ſervent en médecine : on y voit cependant beaucoup de plantes & d'arbres étrangers, de ſerres & de pleine terre.

Le jardin & les ſerres de M. le duc d'Ayen,   *à ſaint Germain.*

Ce jardin annonce le goût & la magnificence du maître : tout y eſt beau & bien ordonné : ſes différentes parties forment autant de jardins, dignes chacun d'un particulier riche & curieux. Là est un jardin à fleurs dessiné avec la plus grande élégance : ici ce sont des massifs d'arbrisseaux agréables par leurs fleurs : plus loin, ce font des plans d'arbres rares & singuliers par les feuilles, les fleurs, ou par le port : d'un autre côté, est un potager ou un jardin botanique délicieux, entouré de palissades. On y voit nos arbres à fleurs ou à fruits apparens, mariés avec les arbres étrangers qui ont de semblables avantages. Les ferres & les couches y ont leur place, font bien disposées, & font ornement.

Les ferres de M. le maréchal de Belle-isle, *à Bisy.*

Les ferres de M. de Montmartel, *à Brunoy.*

Les ferres de M. du Vernay, *à Plaisance.*

Les ferres de M. de Machault, *à Arnou-ville.*

&c. &c.

CONCERTS PARTICULIERS.

LEs concerts de musique font aux uns ce que les cabinets de tableaux, d'histoire naturelle, les jardins & les ferres font aux autres. Nous sçavons qu'il y a dans Paris

Paris des amateurs, qui dans le cours de l'année, & principalement pendant l'hiver, donnent de tems en tems chez eux des concerts réglés. Nous nous sommes apperçus trop tard qu'ils appartiennent naturellement à notre objet ; nous n'avons pu découvrir qu'un très-petit nombre de ces amateurs.

Mad. Dumont, *rue de la Sourdiere,*
M. Damonau, *rue du petit Lyon.*
M. le marquis de Saché, *rue Caffette.*
M. de Mondion, *quai d'Anjou.*
M. Jaccotteau, *vieille rue du Temple.*
Madame Rutgi, *rue Plâtriere.*
M. Rodrigue, concert abonné, *place Vendôme.*

OUVRAGES

PÉRIODIQUES LITTÉRAIRES,

Gazettes, petites Affiches, &c.

Les ouvrages périodiques littéraires nous apprennent ce qu'il y a de nouveau dans la littérature, les sciences & les arts, Les journaux paroiffent tous les mois.

L

Journal des ſçavans,   chez Lambert.
Journal de Trevoux, chez Chaubert &
Heriſſant.
Journal de Verdun,   chez Ganneau.
Journal œonomique ,   chez Boudet.
Journal de médecine ,   chez Vincent,
Journal Encyclopédique, chez Duchêne.
Journal étranger ,   chez Lambert.
Journal chrétien ,   chez Lambert.
La Religon vengée, chez Chaubert &
Heriſſant.
Lettres critiques , ou analyſe & réfuta-
tion de divers écrits modernes contre la
Religion , 11 vol. in-12 , chez Heriſſant.
De cet ouvrage il ſe diſtribue trois vo-
lumes par année.

LeMercure de France. ⎫ *Au bureau du Mer-*
Le choix des anciens ⎬ *cure , rue ſainte*
Mercures. ⎭ *Anne.*

L'année littéraire ,   chez Lambert.
L'obſervateur littéraire ,   chez Lambert.
Le conſervateur ,   chez Lambert.
Les obſervations ſur la phyſique , l'hiſ-
toire naturelle & les arts , par M. Touſ-
ſaint, Avocat au Parlement.

Les gazettes nous apprennent tout ce qui
ſe paſſe d'important, ſoit en France , ſoit en

pays étranger. On les donne à lire chez les Suisses des Thuilleries, du Luxembourg, du palais royal, sur le quai des Augustins, & dans presque tous les caffés.

JOURS DES GAZETTES.

La gazette de France,   *le samedi.*
Les petites affiches ,   *lundi & jeudi.*

La gazette d'Hollande, *lundi & vendredi.*
La gazette d'Utrech, *lundi & vendredi.*
La gazette d'Avignon, *dimanche & jeudi.*
La gazette de Cologne , *mardi & samedi.*
Berne & Francfort,   *vendredi.*
La gazette de Bruxelles, *dimanche , mar-di , jeudi.*
La gazette de Vienne , *mardi , samedi.*

SPECTACLES.

Les principaux spectacles de Paris sont l'opéra, le concert spirituel, la comédie Françoise, & la comédie Italienne.

L'OPÉRA.

L'académie royale de musique, sous la direction de Messieurs Rebel & Francœur, surintendans de la musique du roi, est compofée de plus de foixante acteurs ou actrices pour le chant : d'environ quarante danfeurs ou danfeufes, & de cinquante fymphoniftes pour l'orqueftre. Nous ne nommerons que les principaux, tant pour le chant que pour la danfe, & nous marquerons leur demeure.

Les jours de ce fpectacle font le diman-che, le mardi & le vendredi, & en outre le jeudi, depuis la faint Martin jufqu'à l'Afcenfion.

Directeurs & maîtres de l'école du chant.

MM.

Rebel. } *au magafin de l'Opera, rue*

Francœur. } *faint Nicaife.*

Le Vaffeur, fous-maître de l'école du chant.

Chapolin, maître de mufique du maga-fin, pour l'école du chant, *rue Plâtriere.*

Parant, accompagnateur du clavecin du magafin, *cour des Quinze-vingts.*

Duran, copifte de mufique, *rue faint Honoré, près le palais royal.*

Bellot, pour l'accord du clavecin.

Théatre & orquestre.

MM.
Rebel bat la mesure.
Berton, en second,   *rue aux Fers.*

ACTEURS CHANTANTS.

Basses-tailles des rolles.

Gelin,   *rue neuve des petits-Champs.*
La Rivée, *vis-à-vis l'hôtel de Noailles.*
Desbelles,   *au Magasin.*
Dessentis, *rue*

Haute contre des rolles.

Poirier, de la musique du roi, *au gail-*
lard-Bois.
Pillot,   *rue des petits-Champs.*
Lombard,   *rue du Pelican.*
Muguet, *rue saint Thomas du Louvre.*

Tailles des rolles.

Scelle,   *rue neuve saint Eustache.*

Actrices chantantes.

Mlles
Fel,   rue saint Thomas du Louvre.
Chevalier,   rue sainte Anne.
Dubois L.   rue des bons Enfans.
Le Miere,   rue Saint Roch.
Rivier,   rue
Davau,   rue croix des petits-Champs.
Sixte,   rue des petits-Champs.
Arnou,   rue Traversine.

Chefdeville,   cul-de-sac du Cocq.
Cazaux,   rue Traversiere.
Dubois C.   rue neuve saint Eustache.
Dumont, rue des boucheries S. Honoré.
De Villette,   rue Aubry-le-Boucher.
Blain,   rue

Chœurs d'hommes.

Huit basses-tailles.
Six haute contres.
Quatre tailles.

Dix actrices chantantes dans les chœurs.

Personnages danfans feuls.

MM.

Lany, maître des balets, *rue des petits-Champs.*

Veftris,   *rue Montmartre.*

Laval,   *rue faint Thomas du Louvre.*

Lionnois, *rue Montmartre près l'égoût.*

Mlles

Puvigné, *rue Notre Dame des Victoires.*

Lionnois,   *croix des petits-Champs.*

Veftris,   *rue neuve faint Euftache.*

Carville,   *rue de Richelieu-Feideau.*

Douze danfeurs dans les ballets.
Seize danfeufes dans les ballets.

Symphonie.

Quatre baffes du petit chœur, quatorze violons.

Huit baffes du grand chœur : fix parties.

Six haut-hois & flutes, quatre baffons.

Trompettes, timbales.

LE BAL DE L'OPÉRA.

Le privilége de donner des bals publics,

appartient à l'académie royale de musique :
ces bals s'ouvrent le jour de saint Martin,
& continuent tous les dimanches jusqu'à
l'Avent : on les reprend à la fête des Rois,
& on les donne pendant le carnaval deux
fois la semaine jusqu'au carême. Ils commencent à onze heures, & finissent à sept
heures du matin.

CONCERT SPIRITUEL.

LE Concert spirituel n'a lieu que les jours
des grandes fêtes de l'année ; sçavoir,
les jours de l'Ascension, de la Pentecôte,
de la Trinité, la Fête-Dieu, les fêtes de
la Vierge, de la Toussaints, la veille & le
jour de Noël : & presque tous les jours,
depuis le dimanche des Rameaux, jusqu'au
dimanche de Quasimodo.

Le concert spirituel est composé de plus
de soixante voix, tant pour les récits que
pour les chœurs : de quarante symphonistes ou environ.

Directeurs.

Madame Royer,   *rue sainte Anne.*
M. Mondonville, *   '*rue des vieux*
'*Augustins.*

* M. Mondonville bat la mesure.

M. Caperan, rue de Richelieu.

Voix récitantes.

M   *Dessus.*

Fel,   rue saint Thomas-du Louvre.
Sixte,   rue des petits-Champs.
Le Miere,   rue saint Roch.
Arnoud,   rue Traversine.
Vestris Geardini, Cantatrice Italienne, rue des Moulins.
Fort,   rue
M. Albanese, Italien, de la chapelle du roi,   à Versailles.

Basses-tailles.

MM.
Benoît, de la chapelle du roi, à Versailles.
Gelin,   rue des petits-Champs.
La Rivée, vis-à-vis l'hôtel de Noailles.

Haute-contres.

Poirier, } de la musique { au gaillard-bois
Beche, } du roi, { à Versailles.

L v

SYMPHONIE.

Orgue.

MM.

Balbatre,   à côté des Capucines, & à Pâques, à saint Roch.

M. Balbatre joue des morceaux & des concerts, seul.

Seize violons, sept basses, deux contrebasses, trois bassons, cinq flutes & hautbois, deux corps de chasse, &c.

Spectacles en décoration.

M. Servandoni, peintre & architecte du roi, donne tous les ans à Pâques, pendant les trois semaines de la clôture des théâtres, un spectacle en décorations, sur le grand théâtre de la salle des machines, au château des Thuilleries.

COMÉDIE FRANÇOISE.

LEs comédiens ordinaires du roi, actuellement, quatorze acteurs & onze actrices. Ils jouent presque tous les jours,

Acteurs suivant l'ordre de leur réception.

MM.

De la Thorilliere,	*rue de Seine.*
Armand,	*rue Tarane.*
Grandval,	*à la Barriere blanche.*
Sarrazin,	*rue de Seine.*
Dangeville,	*près saint Sulpice.*
Dubois,	*rue de Condé.*
Bonneval,	*rue de Seine.*
Paulin,	*rue de Seine.*
Le Kain,	*rue de Seine.*
Bellecourt,	*rue de Tournon.*
Previlie,	*rue Guenegaud.*
Brizard,	*rue de la Comédie.*
Blainville,	*rue de la Comédie.*
Dalainville,	*rue de la Comédie.*

Actrices suivant l'ordre de leur réception.

Mlles

Lamotte,	*rue Mazarine.*
Dangeville,	*rue des Fossoyeurs.*
Gauffin,	*rue de Seine.*
Grandval,	*rue Mazarine.*
Dumesnil,	*Barriere blanche.*
Lavoy,	*rue Notre-Dame des Champs.*

L vj

Douin-Gautier, *rue des fossés de M. le*
'Prince.

Clairon,	*rue des Marais.*
Brillant,	*rue Montmartre.*
Hus,	*rue Mazarine.*
Preville,	*rue Guenegaud.*

Dix danseurs, dix danseuses, dix symphonistes.

COMÉDIE ITALIENNE.

LEs comédiens ordinaires du roi, onze
acteurs & huit actrices, ils jouent presque tous les jours.

Acteurs suivant l'ordre de leur réception.

MM.

Baletti-Mario,	*rue du petit Lyon.*
Sticotti,	*rue du fauxbourg saint Martin.*
De Hesse,	*rue Tireboudin.*
Ciavarelli,	*rue Comtesse d'Artois.*
Rochard de Bouillac,	*rue du petit Lyon.*
Carlin Bertinazzi,	*rue des deux Portes.*
Baletti, fils,	*rue du petit Lyon.*
Veroneze,	*rue Françoise.*
Veroneze, fils,	*rue Montorgueil.*

Chanville,   rue Pavée.
Desbrosses,   rue saint Denys.

Actrices suivant l'ordre de leur réception.

Mlles
Dehesse,   rue Tireboudin.
Riccoboni,   rue Françoise.
Bianconelli,   rue Comtesse d'Artois.
Coraline (Anne Veronése) rue Françoise.
Camille (Veronése)   Barriere blanche.
Favart,   rue du petit Lyon.
Foulquier-Catinon, rue Comtesse d'Artois.
Des Glands,   rue Mêlée.

13 danseurs, 15 danseuses, 13 symphonistes.

---

*Autres spectacles qui n'ont lieu que pendant
les foires saint Germain & saint Laurent.*

L'OPÉRA COMIQUE.

CE spectacle dont le privilége dépend
de l'académie royale de musique, est
aujourd'hui sous la direction de M. Corby
& compagnie. On joue tous les jours pendant les deux foires.

M. Favard, inspecteur du théâtre.
Quinze acteurs, huit actrices.
Quinze danseurs, quinze danseuses.
Seize symphonistes.

Les danseurs de corde, voltigeurs, &c.
Les marionnettes, les joueurs de gobelets.
L'optique, l'électricité, la lanterne magi-
que, tous les jours pendant les deux foires.

On voit dans ces foires des animaux
étrangers de plusieurs espéces, & beaucoup
d'autres curiosités.

Le combat du taureau, *à la barriere de
Seve.*

Ce spectacle n'a lieu que les jours que
les théâtres sont fermés.

PROMENADES PUBLIQUES.

Dans la ville.	*Hors de la ville.*
Le jardin des Thuil-leries.	Le cours la Reine.
	Les champs élisées.
Le jardin du Luxem-bourg.	L'étoile.
	Le bois de Boulogne.
Le jardin de l'Infante.	S. Cloud, Auteuil.
Le jardin du Roi.	Passi, Vaugirard.

Dans la ville.	*Hors de la ville.*
Le jardin du palais royal.	Les avenuës & bois de Vincennes.
Le jardin de l'arfenal.	Le Menil-montant.
Le jardin du temple.	Bagnolet.
Le jardin de Soubife.	Les avenuës de Saint Denys.
Les remparts.	
Les quinconges des Invalides.	Saint Ouen, Clichi, &c.

FINANCES.

NOus entendons ici par le terme de finan-ces tous les deniers & revenus qui appartiennent au roi : on peut les divifer en ordinaires & extraordinaires.

Les revenus ordinaires font ceux qui proviennent du domaine du roi.

Les revenus extraordinaires font ceux qui proviennent des aides, des tailles, des gabelles & autres impôts.

Les finances ont dans le département de Paris le même objet & les mêmes fources que dans les autres. Les cinq groffes fermes ; la capitation ; les deux vingtiémes ; les deux fols pour livre du dixiéme ; les droits fur les cartes ; les octrois, les parties cafuelles, &c.

On peut rapporter plus particulierement aux finances de Paris, les droits rétablis aux entrées de cette ville, & l'établissement des lotteries royales qui se tirent tous les ans, jusqu'à ce que le nombre de tirages portés par les édits de création soient remplis.

Une premiere lotterie royale créée en 1747 pour douze années.

La seconde créée par édit du premier Août 1748.

La troisiéme créée par édit du onze Novembre 1755.

La quatriéme créée par édit du 21 Mars 1757.

Tous les revenus du roi se perçoivent par des fermiers, régisseurs ou receveurs, & se portent, pour la plus grande partie, au trésor royal, dont nous avons parlé plus haut.

La lotterie royale créée au commencement de l'année 1758, en faveur de l'école royale militaire : il y a huit tirages tous les ans.

Autres Loteries.

La lotterie en faveur des enfans trouvés, douze tirages par an.

La lotterie en faveur des communautés Religieuses, douze tirages.

La lotterie en faveur de l'Eglise de saint Sulpice, douze tirages.

Les billets de ces trois dernieres lotteries font de vingt-quatre fols.

COMMERCE.

Manufactures de Paris.

LA manufacture royale des Gobelins pour les belles tapifferies de haute & de baffe-liffe.

La manufacture royale des meubles de la couronne, connue fous le nom de *Manufacture de la Savonnerie*, pour les beaux tapis velus, façon de Perfe, la premiere de ce genre établie en France, & la feule avant l'établiffement de celle d'Aubuffon en Limoufin.

Dans cette manufacture comme aux ouvrages de haute - liffe, la chaîne du canevas eft pofée perpendiculairement ; mais il y a cette différence qu'à la haute-liffe des Gobelins l'ouvrier travaille derriere le beau côté, & qu'à la Savonerie le beau côté eft en face de l'ouvrier comme dans les ouvrages de basse-lisse qui se font aussi aux Gobelins, & qui étoit la premiere maniere de travailler à ces sortes de tapisseries.

La manufacture royale des glaces de saint Gobin en Picardie. Son magazin est rue de Reuilli fauxbourg saint Antoine. C'est là que plus de cinq cens ouvriers travaillent journellement pour polir les glaces. Cette manufacture, comme presque toutes les autres du royaume, doit son établissement à feu monsieur de Colbert. Elle a fait de grands progrès depuis son premier établissement ; & s'il manquoit encore quelque chose à la perfection des glaces, on ne devroit sans doute l'attendre que de l'émulation, & d'une concurrence par l'établissement d'une seconde manufacture de glaces dans le royaume.

La manufacture royale de porcelaine, fauxbourg saint Honoré, *rue de la Magdeleine.*

Cette manufacture établie d'abord à Saint Cloud par Pierre Chicanau en vertu d'un privilége exclusif du 16 Mai 1702, fut transportée au fauxbourg saint Honoré en 1724. C'est la premiere manufacture de porcelaine qui ait été établie en France. Elle a fourni depuis son établissement, & elle fournit encore, au préjudice du Japon

& de la Chine de ses ouvrages à l'Espagne, à l'Angleterre, à l'Italie & à l'Allemagne.

La manufacture royale de Séve auprès de Paris, établie d'abord au château de Vincennes.

Elle doit son établissement & la rapidité de ses progrès à un homme d'état, (*) dont le génie & les lumières égaloient son goût & son amour pour les arts utiles & pour le bien public, & elle nous présente deja un fonds considérable d'ouvrages supérieurs à tout ce que la célébre manufacture de Saxe a produit de plus parfait en porcelaine.

La manufacture royale de bouteilles, *à Séve.*

La manufacture royale de terre de France, façon d'Angleterre, *au pont aux choux.*

La manufacture royale de monsieur Julienne, pour les beaux draps & pour la belle teinture d'écarlate, *à l'Hôtel des Gobelins.*

La manufacture royale de monsieur Guerin, pour les draps & les ratines, *à S. Denys.*

La manufacture de plomb laminé, établie

* Feu M. de Fulvy, conseiller d'état ordinaire, & intendant des finances.

dans le fauxbourg saint Antoine, *rue de Bercy.*

On y fait journellement ainsi qu'à la manufacture établie à Desville près de Rouen , des tables de plomb laminé de toutes longueurs à l'usage des bâtimens , bains , fontaines , & doublures de boëtes.

Le magazin général de cette manufacture a été établi pour la commodité du public au coin de la rue du Roule , *rue Betisi.*

Nous donnerons , dans un ouvrage plus détaillé , les poids & prix du plomb laminé de différentes épaisseurs , avec tous les éclaircissemens dont cet article peut être susceptible ; & nous nous contenterons d'avertir ici que toutes les livraisons qui se fond audit magazin général , sont toujours accompagnées d'une facture imprimée contenant les mesures & le poids de la livraison , & qu'on doit toujours se faire représenter ladite facture par ceux *qui vont enlever le plomb.*

Autres manufactures.

Manufactures ou fabriques de toutes sortes d'étoffes de soye, laine, or & argent :

il y en a dans Paris une très-grande quantité, & elles appartiennent au corps des maîtres Férandiniers. On y fabrique des velours, des pluches, brocards, gros de Tours brochés, moires brochées pour robe & pour meubles : damas foye & fil, & fatiné : moires foye & fil, gros de Tours foye & coton : ras de faint Cyr pour robe & pour doublure : ras de faint Maur : gros de Tours pour habits d'homme : papelines : croifés : boure : éternelle foye & coton : fatins à l'imitation des Indes & d'Hollande : zirzaca pour vefte broché or & argent : Chinoifes pour veftes : des lampas auffi parfaits que les lampas des Indes, &c.

Les manufactures des gazes.

Ceux qui fabriquent à Paris les gazes de foye font du nombre des Férandiniers, qui depuis quelques temps prennent le nom de marchands fabriquans, & qui font, pour ainfi dire, divifés en deux fociétés, quoique dans un même corps. Les gazes font pour Paris un objet de commerce très-confidérable : elles fe multiplient à l'infini ; gazes unies, en foye, en fil, de toute couleur ; gazes à mille mouches, gazes damaffées, gazes à bouquets, gazes à bandes, gazes brochées en fil, gazes de laine &c.

Manufacture de cotonettes, *à la Courtille.*

Manufacture de belles couvertures de laine. Elles appartiennent à la communauté des maîtres Tapissiers, dont quelques-uns se bornent à ce commerce.

Manufactures ou fabriques de beaux castors, supérieurs aux castors d'Angleterre. Il y en a 28 dans Paris, & elles appartiennent au corps des marchands chapeliers.

Les calandres ont trop de rapport aux manufactures d'étoffes pour n'en pas parler ici.

Outre les calandres particuliéres qui appartiennent à la communauté des Teinturiers du grand tein, (les autres ont des presses) nous avons à Paris deux calandres royales.

La premiere qui doit son établissement à monsieur de Colbert, est établie, sous la direction de monsieur Lainé, dans une maison où l'on prétend que demeuroit la belle Gabrielle, *au cimetiere saint Nicolas.*

La seconde établie par lettres patentes de 1748. en faveur de l'abbé Hubert, *rue de Louis le grand.*

Elle appartient aujourd'hui à monfieur Verner banquier , qui en a traité avec les héritiers de l'abbé Hubert.

Manufacture de cuirs fupérieurs aux cuirs d'Angleterre , *à faint Germain en Laye.*

Son magazin général à Paris , *rue Quin-campois.*

Une manufacture de fer battu à froid & étamé , dont on fait toute forte de baterie de cuifine qui n'a point les inconvéniens du cuivre. Elle eft dans la rue royale au bas du mur des Martyrs , près Montmar-tre , & appartient au fieur Dutartre , mar-chand mercier , qui a établi fon magazin *rue de l'Arbre-Sec.*

Une autre manufacture pareille établie dans le fauxbourg faint Antoine , *rue Baf-froy.*

Manufactures de nouvelles fontaines filtrantes pour purifier l'eau parfaitement, dont les avantages fi univerfellement connus devroient profcrire les fontaines de cuivre, à l'hotel d'Aligre , *rue faint Honoré.*

On y trouve des fontaines à toute forte de prix depuis 24 liv. jufqu'à 800 liv.

Manufacture de pompes du fieur Nicolas Tillay, privilégié pompier du roi, marchand chaudronnier de la ville de Rouen.

L'habileté du fieur Tillay dans l'art de fabriquer des pompes eft conftatée par des témoignages réfpectables, & la bonté de fes pompes n'a plus befoin d'être atteftée depuis que l'expérience en a fait voir l'utilité pour remedier aux Incendies.

Son magazin eft aux Feuillans, vis-à-vis la place Vendôme, fous la direction du fieur Barbier, qui en donne les expériences & les démonftrations à ceux qui en veulent faire acquifition. Il y en a de différents prix, depuis 212 liv. jufqu'à 2400 liv.

On trouve auffi dans le même magazin des feaux d'ofier maftiqués pour le fervice de ces pompes.

On y trouve auffi des échelles d'une nouvelle invention, qui fe plient de façon que les échelons rentrent dans les deux côtés de l'échelle.

FAISEURS

FAISEURS DE POMPES.

ET DE CHAPELETS.

Nous n'en connoiſſons qu'un petit nombre.

Ducray, *rue de la Montagne ſainte Ge-neviéve.*

Lucotte, *rue du Temple.*
La Cour, *rue Fromenteau.*
Bonamy, *rue ſaint Germain l'Auxerrois.*
&c. &c.

Les faiſeurs de pompes ſont ordinairement de la communauté des ſerruriers, ou de celle des taillandiers.

COMMERCE DE PARIS.

Commerce en gros.
Commerce en détail.
Commerce d'argent,
Commerce de papier.

Le commerce en gros ſe fait, ou par la

compagnie des Indes, ou par des particuliers.

La compagnie des Indes, établie par lettres-patentes de 1718, a, sous l'autorité du conseil, le commerce exclusif des grandes Indes. L'hôtel de cette compagnie est *rue neuve des petits-Champs.*

Cette compagnie est composée de plusieurs commissaires nommés par le Roi, de six syndics choisis parmi les actionnaires, & de neuf directeurs pour veiller aux opérations de cette grande entreprise, d'un secrétaire général, d'un caissier général, d'un caissier du comptant, d'un caissier des dividendes, & d'un caissier de rentes viageres, & enfin de six chefs de bureau, ou premiers commis.

Assemblée de la compagnie, *mercredi & samedi.*

La bourse dans l'enceinte de l'hôtel de la compagnie des Indes, *rue Vivienne.*

Elle est ouverte tous les jours depuis midi jusqu'à une heure.

La place de la bourse a été établie en 1724 : on y négocie des actions, annuités, contrats sur la caisse des amortissemens, contrats sur les postes, contrats sur la compagnie des Indes, billets d'emprunt de la compagnie des Indes, contrats ſur l'hôtel de ville, quittances de finances ſur les tailles ; billets de finances ; billets marchands ; billets des quatre lotteries royales ; lettres de change ; billets au porteur, à ordre, & autres billets commerçables des marchandiſes & effets : & enfin on y traite des affaires de commerce, tant de l'intérieur que de l'extérieur du royaume.

ACTIONS. C'eſt une portion d'intérêt dans l'établiſſement de la compagnie des Indes. Le total des porteurs d'actions eſt propriétaire des fonds & priviléges dont jouit cette compagnie, & répond de ſes engagemens.

ANNUITÉS. C'eſt une forme d'emprunt rembourſable annuellement. Le Roi reçoit une ſomme, par exemple, de 675 liv. & rend au preteur 900 liv. en neuf années ; pour cet effet, on lui fournit un papier contenant neuf coupons ou promeſſes de payer graduellement 100 livres par année au porteur, moyennant quoi le capital & intérêt ſe trouvent éteints ou rembourſés au bout de neuf ans.

CONTRATS ſur la caiſſe des amortiſsemens. Il y en a de deux espéces : les uns sont passés pardevant Notaires, & sont dans la forme ordinaire.

Les autres sont des promesses de passer contrat au porteur, & cependant de payer l'intérêt au denier vingt : il tient à chacune de ces promesses des coupons, dont l'échéance est de six en six mois, qui servent de quittances. Il se rembourse annuellement une portion des capitaux par la voie du sort.

CONTRATS à trois pour cent sur les postes. C'est un emprunt de trente millions à trois pour cent, dont il se rembourse annuellement un million du capital par la voie du sort. Les contrats sont dans la forme ordinaire.

CONTRATS sur la compagnie des Indes. Ils sont de la même espéce que ceux sur la caisse des amortissemens, avec la différence qu'il n'y a point de remboursement annuel du capital qui soit indiqué.

BILLETS d'emprunt de la compagnie des Indes. C'est un emprunt que la compagnie des Indes a fait en portions de 500 livres, pour l'intérêt desquelles il y a des coupons de 25 livres d'attachés, qui se payent annuellement. Il s'en rembourse une certaine portion chaque année sur le capital.

&c. &c.

Nous donnerons dans la seconde édition de cet ouvrage, pour l'utilité des gens de province, l'histoire de chacun de ces effets publics, en désignant l'origine, les sommes capitales empruntées, ce qu'il y a actuellement de remboursé, le nombre des actions, leurs dividendes, les capitaux que la compagnie a empruntés, les fondemens de son établissement, enfin l'explication à fond de tout l'article du cours des changes & effets commerçables. Tous ces effets se négocient ordinairement par des agens de change.

Agens de change sont des personnes établies dans les villes de commerce, qui s'entremettent entre les marchands & banquiers, pour faciliter leurs négoces de lettres & de billets de change, &c. & le débit de leurs marchandises en gros.

CHANGE.

Change appliqué au commerce de l'argent, signifie le change d'argent, le lieu où il se fait, & la fin pour laquelle il se fait.

Outre le change général de la monnoye, il y a dans Paris un petit nombre de changeurs, qui sous l'agrément du directeur général des monnoyes, ont acquis leurs charges de receveurs particuliers du Roi pour les vieilles monnoyes décriées, les monnoyes étrangeres, & pour toute sorte de matieres d'or & d'argent. On trouve chez eux, moyennant une modique rétribution, des louis d'or pour de l'argent blanc; & c'est à cet égard principalement, que nous avons cru devoir les placer ici.

CHANGEURS.

MM.

Dubois,	*rue*
Menessier,	*au bas du pont au Change.*
Plasman,	*rue des fossés saint Germain.*
Mongalvy,	*rue de Buffy.*
Roger,	*rue saint Denys.*
Verneau,	*rue*
Cousin,	*rue aux Ours.*
Le Geay,	*pont Notre-Dame.*
Jullien,	*rue Dauphine.*

Bureau de correspondance générale & publique.

L E bureau de cette correspondance établi à Paris pour la commodité, tant des habitans de Paris, que de ceux des provinces du royaume, & même pour ceux des pays étrangers, ainsi que ceux qui auront affaire d'une province à une autre, est présentement   *rue Pagevin.*

Cet établissement autorisé par lettres-patentes du mois de Juillet 1756, & cautionné de cinq cens mille francs, est borné à des objets purement passifs; c'est-à-dire, qu'il ne s'y fait aucune sorte d'affaires que celles des commettans qu'on appelle *commissions*, & qu'il ne s'y fait aucune affaire directe ni indirecte pour le propre compte du bureau. Il est sous la direction du sieur Tapret régisseur du bureau, dont les livres de comptabilité pour le public font cottés & paraphés par MM. les Juge & Consuls.

Ceux qui écrivent au bureau, doivent adresser les lettres

A monsieur le régisseur du bureau de la correspondance générale, *rue Pagevin,* près la place des Victoires à Paris.

Hôtels des assurances.

L'hôtel des assurances est *rue Thevenot.*
La chambre ou compagnie des assurance s'est établie pour assurer aux négocians qui trafiquent sur mer, les fonds qu'ils placent sur les vaisseaux.

M iv

Commerce en détail.

Le commerce en détail appartient en général à des particuliers, qui font de quelqu'un dés fix corps de marchands, ou des communautés des arts & métiers.

Le commerce que les particuliers de ces corps & de ces communautés font avec les provinces & avec les pays étrangers, eft immenfe. Le commerce en modes, en rubans, gazes, blondes, ou ornemens, en galons, ou étoffes d'or, d'argent & de foye, furpaffe le commerce en gros des villes les plus commerçantes.

Les fix premiers corps des marchands.
Les marchands drapiers.
Les marchands épiciers.
Les marchands merciers.
Les marchand pelletiers.
Les marchands bonnetiers.
Les marchands orfévres.

Les libraires & imprimeurs.
Les marchands de vin.
Les marchands de bois.
Les marchands de laine.

Ces quatre ont les mêmes priviléges que les six premiers, & parviennent de même au consulat & à l'échevinage.

Il y a encore plusieurs marchands qui ne font point des communautés des arts & métiers.

Les marchands de chevaux.
Les marchands de bled, avoine, &c.
Les marchands de foin, paille, &c.
Les marchands de volailles, &c.
Les marchands de marée.

Les marchands de saline.
Les marchandsde poiſſons d'eau douce.
Les marchands de charbon.
Les maîtres pêcheurs.

Marchands de chevaux.

Le commerce des chevaux eſt un commerce libre, permis à tout le monde. Il

M v

y a dans dans Paris un certain nombre de marchands de chevaux, qui le font de pere en fils, ou qui ont un fonds ftable & permanent : c'eft de ceux-là feulement que nous allons donner la lifte, l'établiffement des autres étant trop fujet à variation.

MM.

Aubé, l'aîné, *rue Perdue place Maubert.*
Aubé le jeune, *quai des Miramionnes.*
Auduffot, *rue faint Martin.*
Begé, *porte Montmartre.*
Bequet, *rue Perdue place Maubert.*
Bompart, *rue faint Martin.*
Duchemin, *rue Boucherat.*
Dupré, *rue faint Martin.*
Duret, *rue faint Martin.*
Guelte, *rue Vendôme.*
Jamet, *rue Percée.*
La Buffiere, *rue faint Martin.*
La Marre, *rue faint Martin.*
Le Begue, *fauxbourg faint Jacques.*
Lépine, *rue faint Martin.*
Le Prince, *rue faint Martin.*
Le Roi, *rue faint Martin.*
Lorry, *rue & porte faint Martin.*
Matthieu, *rue faint Martin.*
Parmantier, *rue Perdue.*
Piot, *rue faint Martin.*
Placemane, *rue faint Germain l'Auxerrois.*
Planchon, *fauxbourg & porte faint Jacques.*

Vaugen pere,
Vaugen fils , *rue saint Martin.*

Par lettres-patentes du 30 Avril 1613, suivies d'une ordonnance du 28 Mars 1724 , il est déclaré qu'aussitôt l'arrivée dans Paris des chevaux venant des pays étrangers ou des provinces du royaume , les marchands font tenus, à peine de confiscation desdits chevaux , & de 600 livres d'amende, d'avertir également & en même tems le grand écuyer de France & le premier écuyer du Roi , ou gens par eux préposés , de l'arrivée des coureurs ou des chevaux de selle , pour être choisis par le premier des deux, qui s'y trouvera, ou concurremment s'ils s'y trouvent ensemble, conformément à un reglement fait le 14 Fevrier 1724. Quant aux chevaux de carrosse , ils ne font tenus d'avertir que le premier écuyer de fa Majesté. Défenses fous les mêmes peines auxdits marchands d'exposer en vente aucuns desdits chevaux que trois jours après ledit avertissement. Les marchands s'adressent aujourd'hui pour cela aux écuyers courtiers de la grande & de la petite écurie.

M. Guelte, marchand de chevaux, écuyer courtier de la grande écurie , *rue Vendôme.*

M. Maurice , écuyer courtier de la petite écurie, *chez monsieur le Premier.*

M vj

COMMUNAUTÉ DES ARTS ET METIERS.

Maîtres & Maîtresses.

Arquebusiers.
Balanciers.
Batteurs d'or.
Boisseliers.
Bouchers.
Boulangers.
Bouquetiéres.
Bourreliers, bâtiers, hongroyeurs.
Boutonniers, passe-mantiers.
Boyaudiers.
Brasseurs.
Brodeurs, chasubliers.
Boursiers, colletiers, pochetiers, cale-çonniers &c.
Cardeurs.
Carrossiers, selliers.
Cartiers.
Ceinturonniers.

Chaircuitiers.
Chandeliers, hui-liers, moutardiers.
Chapeliers.
Charpentiers.
Charrons.
Chaudronniers, di-dandiers.
Cizeleurs, graveurs.
Cloutiers.
Coffretiers, malle-tiers.
Cordiers.
Cordonniers.
Corroyeurs.
Couteliers.
Couturieres.
Couvreurs.
Crieurs de vieux fers, ferrailleurs.
Cuisiniers, queux,

traiteurs.

Maîtres de Danse, joueurs d'instrumens.

Découpeurs en étoffe.

Distillateurs, limonadiers, marchands d'eau de vie.

Doreurs, argenteurs, cizeleurs, damasquineurs, enjoliveurs sur tous métaux.

Ecrivains jurés, arithméticiens, &c.

Embaleurs.

Epingliers, aiguilletiers.

Eperonniers.

Eventaillistes.

Faiseurs d'instrumens de musique, luthiers.

Fayanciers, verriers, émailleurs, patenotriers.

Ferandiniers, fabriquans en étoffes d'or, argent, soye & laine.

Ferblantiers, taillandiers.

Filassieres.

Fondeurs, fabricateurs d'instrumens de Mathématique.

Fourbisseurs.

Fripiers.

Fruitiers, beurriers, orangers, coquetiers, fromagers.

Guainiers, fourreliers.

Gantiers, parfumeurs.

Grainiers, fleuristes, botanistes.

Graveurs, cizeleurs.

Horlogers.

Jardiniers, préoliers, maraîchers.

Imprimeurs en taille douce.

Joueurs d'instrument, maîtres à danser.

Layetiers.

Lapidaires, diamantiers, tailleurs, graveurs.

Limonadiers, diſtil-
lateurs.
Lingeres.
Maçons, tailleurs de
pierre, plâtriers.
Maréchaux.
Megiſſiers.
Menuiſiers.
Miroitiers, bimblo-
tiers.
Oiſeleurs, ou oiſe-
liers.
Papetiers, colleurs
de feuilles.
Parcheminiers.
Paſſemantiers, bou-
tonniers.
Patenotriers, fayan-
ciers.
Patiſſiers.
Paveurs.
Paulmiers.
Peauſſiers, teintu-
riers en cuirs, &
falçonniers.
Peigniers, tabletiers.
Peintres & ſculp-
teurs.
Perruquiers, bar-
biers, baigneurs,
étuviſtes.

Plombiers, fontai-
niers.
Plumaſſiers, panna-
chiers.
Potiers d'étain.
Potiers de terre.
Relieurs, doreurs de
livres.
Rotiſſeurs.
Rubaniers.
Savetiers, bobeli-
neurs.
Selliers, lormiers,
carroſſiers.
Serruriers.
Tabletiers, peigniers.
Taillandiers, ferblan-
tiers.
Tailleurs d'habits.
Tapiſſiers.
Taneurs.
Teinturiers du grand
tein.
Teinturiers du petit
tein.
Teinturiers en ſoye,
laine & fil.
Tireurs, fileurs d'or.
Tiſſerands.
Tiſſutiers, *rubaniers.*

Tondeurs de drap à table seche.   liers.
Verriers, *fayanciers.*
Tonneliers.   Vergeriers.
Tourneurs.   Vinaigriers.
Vanniers, quinquail-   Vitriers.

Dans le nombre des maîtres ou marchands Oiseliers, il y en a plusieurs qui sont fort éclairés sur les maladies des oiseaux & des quadrupedes de la petite espèce, & dans l'art de les élever, de les traiter, & de guérir leurs maladies.

Boin,   *rue Frepillon.*
Bouriel,   *quai de l'Ecole.*
Cany,   *quai Pelletier.*

Educateurs & guérisseurs pour les deux espéces.

Le vrai Lionnois, *place de Gréve.*
Saint Louis, *auprès des Quinze-vingts.*
Saint Etienne & Giraudon, *porte saint Honoré.*
Ducel Lyonnois, *quai de la Vallée.*

Ducel traite toute sorte de maladies, & l'on nous a assurés que plusieurs chiens des plus précieux se sont bien trouvés de ses médicamens.

Communautés de Freres Cordonniers & de Freres Tailleurs.

Il y a dans Paris deux communautés, ou ſociétés de freres cordonniers , & une de freres tailleurs , qui s'uniſſent ſans faire aucun vœu, pour , en travaillant pour le public , vivre en commun du travail de leurs mains, & ſervir Dieu dans l'obſervance de certaines pratiques de dévotion qui leur ſont communes. La premiére communauté de freres tailleurs doit ſon établiſſement en 1645 à Henri-Michel Buch , garçon cordonnier. La ſeconde & celle des freres tailleurs s'établirent à l'exemple de la premiere : & à l'inſtar de celles-là, il s'en eſt formé dans pluſieurs villes du royaume.

Une communauté de freres cordonniers , *rue Pavée ſaint André.*

La ſeconde, *rue de la grande Truanderie.*

La communauté des freres tailleurs, *rue Jean-Lantier.*

Lieux privilégiés , où l'on peut vendre & travailler ſans être d'aucun de ces corps & communautés.

Le fauxbourg ſaint Antoine.
Le cloître Parvis Notre-Dame.

L'enclos de saint Germain des Prés.
L'enclos de saint Denys de la chartre.
L'enclos de saint Jean de Latran.
L'enclos de saint Martin des champs.
La rue de l'Oursine.
Les cours de la Trinité, & du Temple.
L'hôtel royal des Gobelins.
Les galeries du Louvre.
Les maisons des peintres & des sculpteurs de l'Académie.

FOIRES.

Il y a dans Paris & dans ses environs plusieurs foires dans le cours de l'année. Les principales sont la foire de saint Germain, la foire de saint Laurent, la foire de saint Denys, &c.

La foire de saint Germain s'ouvre le 2 Fevrier, & ne se ferme que la veille des Rameaux. Les marchands forains ont le droit d'y étaler, & d'y vendre toute sorte de marchandises non prohibées, de même qu'à la foire saint Laurent.

La foire saint Laurent s'ouvre ordinairement le 28 du mois de Juin, & ne finit qu'avec le mois de Septembre. C'est le lieutenant-général de police qui fait l'ouverture de ces deux foires.

La foire du Landy *à Saint-Denys* s'ouvre le 11 Juin, & dure 15 jours : elle appartient aux dames de saint Cyr & aux Religieux de l'abbaye. L'ouverture s'en fait par le premier huissier du Parlement pour les dames de saint Cyr, & par le prieur de l'abbaye accompagné des officiers de leur justice pour les religieux qui sont obligés de donner un déjeuné à ces officiers, dans lequel il y a toujours une omelette au sucre & des raves : cela est d'étiquette. Le premier huissier du Parlement dîne ce jour-là chez le receveur des dames de saint Cyr : il a le droit de mener avec lui deux amis. L'étiquette est de servir un cochon de lait à ce repas.

———

La foire des jambons le mardi de la semaine sainte, *au parvis Notre-Dame.*

La foire de saint Clair, qui dure huit jours, *rue saint Victor.*

La foire de saint Ovide, qui dure neuf jours, *place Vendôme.*

La foire de Bezons.

La foire de saint Hipolyte.

La foire du Temple. C'est la foire aux manchons.

La foire de Clamar.

BAINS.

Le droit d'avoir des bains pour le public moyennant rétribution, appartient au corps & communauté des perruquiers, parmi lesquels il y en a plusieurs qui tiennent des hôtels garnis, chez qui l'on trouve à cet égard toutes les commodités tant pour les bains de propreté que pour les bains de santé.

Bains de santé	6 liv.
Bains de propreté.	12 liv.

Baigneurs étuvistes.

Benezy,	rue du Sépulcre.
Briel,	rue de Richelieu.
Galant,	rue Jacob.
Joris,	rue saint Antoine.
Mad. le Sueur,	rue Montmartre.
Letourneau,	rue de Richelieu.
Nogaret,	rue saint André des arts.
Podevin,	à côté de l'Opera.
Ringard,	rue Guenegaud.

BUREAU DES DOMESTIQUES.

Nous croyons rendre service principalement aux étrangers qui arrivent à Paris sans y avoir ni amis, ni connoissances, de les informer qu'il y a dans la rue des Prouvaires un bureau établi, où l'on trouve sur le champ des domestiques de toute espece, de tout âge & de tout sexe, que l'on peut prendre avec confiance. Les directeurs de ce bureau y répondent des domestiques qu'ils donnent : ceux qui les prennent, payent 30 sols ; & si, au bout de 8 ou 10 jours, ils ne sont pas contens de leurs qualités & de leurs talens, le bureau en procure d'autres sans nouveaux frais.

BUREAUX DES NOURRICES.

Il y a aussi des bureaux, sous l'inspection de la police, où l'on trouve tous les jours & à toute heure des nourrices de la campagne qu'on peut prendre en toute sureté pour faire nourrir des enfans nouveaunés. Elles ne sont reçues dans ces bureaux que sur des certificats authentiques des curés ou officiers de justice des paroisses, d'où elles viennent. Ces bureaux sont au nombre de quatre.

Un bureau, *rue de la Vannerie*,
Un bureau, *rue Planche Mibray.*
Deux bureaux, *rue saint Jacques de la Boucherie.*

BUREAUX DES VOITURES.

On trouve dans Paris des voitures de quatre especes pour le service du public : des carrosses de remise ; des carrosses de place ; des chaises à porteurs, & des chaises roulantes. Les priviléges de toutes ces voitures ont été accordés par des brevets de don à des particuliers que les Rois ont voulu gratifier, & qui en retirent une rétribution journaliére.

Les carrosses de remise, ainsi appellés parce qu'on les prend sous la remise, se louënt à la journée, à la demi-journée, au mois, à la quinzaine, ou à l'année. On les trouve dans presque tous les quartiers chez des particuliers qui font profession de ce commerce, & se nomment loueurs de carrosses de remise : ils ont des enseignes.

Les carroffes de place, ou *les Fiacres*, fe trouvent fur la place dans tous les quartiers de Paris, & fe prennent à l'heure fur la taxe de 25 fols pour la premiere heure, 20 fols pour les autres, & 24 fols pour une courfe. On ne peut point les forcer de fortir de Paris & de paffer les barrieres fur le prix de la taxe.

Le bureau des carroffes de remife & des carroffes de place eft *rue Michel le Comte.*

Les chaifes à porteur fe prennent à l'heure, à la demi-journée, ou à la journée, à prix convenu. Leur bureau eft *rue Montmorenci.*

Les chaifes roulantes, ou les brouettes, fe prennent à l'heure, à la journée, ou à la demi-journée à prix convenu. Leur bureau eft *rue Pavée au Marais.*

Les carroffes de place, les chaifes à porteurs, & les *brouettes* font numerotés : ceux qui s'en fervent, doivent avoir l'attention de retenir le N°. en cas que l'on oublie quelques effets dans lefdites voitures, ou que l'on ait quelque fujet de plainte contre les cochers ou contre les porteurs. On peut dans l'un ou l'autre de ces deux cas, s'adreffer aux bureaux refpectifs.

Les loueurs de chevaux dans tous les quartiers de Paris.

BUREAU DES VOITURES
POUR LA COUR.

On trouve à toute heure du jour & de la nuit des chaises à deux, & des carrosses à quatre places, pour aller à la cour, *sur le quai d'Orçay, près le Pont-Royal.*

Prix des places.

	liv.	sols
De Paris à Versailles,	3	10
Autant pour revenir.		
De Paris à Marly,	3	10
De Paris à Compiégne en		
carrosse,	14	10
En chaise,	16	10
De Paris à Fontainebleau,		
en carrosse,	9	10
En chaise,	11	

De Paris à Choisy, on paye l'aller & le retour, & on est le maître de garder la voiture toute la journée.

	liv.
Carrosse.	20
Chaise.	10

VOITURES pour Séve & pour S. Cloud, par eau à la descente du pont royal.

La galiote pour Séve, au bas du pont royal, part tous les jours à 7 heures du matin. Elle repart de Séve pour Paris à 6 heures de l'après midi, places 5 sols.

La galiote pour S. Cloud part tous les jours à 6 heures du matin. Elle repart de S. Cloud pour Paris à cinq heures, places 5 sols.

Ces voitures ne vont que depuis Paques jusqu'à la Toussaints.

On trouve dans le même endroit de petits batelets qui portent à toute heure après les galiotes pour les mêmes endroits, moyennant 4 liv. par batelet.

Il leur est defendu de prendre au dela de 16 personnes.

COCHES PAR EAU.

Au port saint Paul, & à la porte saint Bernard.

Le coche de Nogent, & route.
Le coche de Sens, & route.

Le

Le coche de Melun, de Montereau, de Montargis, de Briar, & route.

Le coche d'Auxerre, & route.

Le coche royal de Fontainebleau pendant que la cour eſt à Fontainebleau, part tous les jours à 7 heures.

VOITURES PUBLIQUES

PAR TERRE.

La poſte aux chevaux, *rue des Poulies.* On peut y demander des chevaux pour partir à toute heure, avec une permiſſion du ſurintendant des poſtes & relais.

Les bureaux pour les carroſſes & meſſageries publiques ſont
Pour Arpajon.
Pour Coulomier.
Pour Dammartin.
Pour Giſors.
Pour Lagny.
Pour Mortagne.
Pour ſaint Germáin, Mantes, Poiſſy &c.
Pour Verſailles.

N

Pour Bordeaux, & route.
Pour Toulouſe, Nantes, Angers &c.
Pour Provins, & route.
Pour Langres, Betfort, & route.
Pour Rouen, Rennes & baſſe Bretagne.
Pour Metz, Strasbourg, Châlons & Join-
ville.
Pour Caën, & route.
Pour Flandres, & route.
Diligence pour Lyon.
Pour Dijon, Beſançon, Moulins, Cler-
mont &c.
Pour Eu, Monfort & Vire.
Pour Pontoiſe, Chantilly, &c.
Pour Beaumont, Alençon, Evreux, &c.
&c. &c. &c.

F I N.

Approbation du Cenſeur Royal.

J'Ai lû par ordre de Mgnr le Chancelier, un manuſcrit intitulé, *Tableau de Paris pour l'année* 1759. Je crois que cet ouvrage peut être utile au public, & je n'y ai rien trouvé qui puiſſe en empêcher l'impreſſion. A Bois le vicomte le 14. Novembre 1758.

PICQUET.

Le privilége ſe trouvera à l'Etat de Paris.

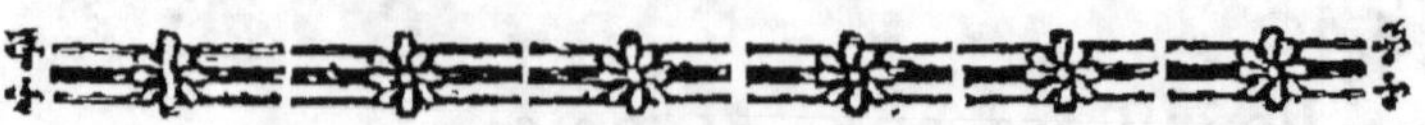

TABLE
DES ARTICLES.

TABLE.

TABLE.

TABLE.

TABLE.

TABLE.

FIN.